中等职业教育数字化课程建设教材
供护理、助产等医学相关专业使用

人际沟通

RENJI GOUTONG

主　编　王艳华
副主编　李　洁　林智东
编　者　（按姓氏汉语拼音排序）
　　　　范玲玲（营口市卫生学校）
　　　　胡春榜（南昌市卫生学校）
　　　　李　洁（黑龙江省黑河市职教中心学校）
　　　　林智东（梧州市卫生学校）
　　　　刘珈利（四川护理职业学院）
　　　　王艳华（南昌市卫生学校）

科学出版社
北　京

·版权所有，侵权必究·

举报电话：010-64030229；010-64034315；13501151303（打假办）

内 容 简 介

本书共分7章，本着以学生为中心的编写理念，主要介绍了人际沟通的基本常识和人际沟通的技巧，特别阐述了在医疗护理工作中护士与患者、患者家属及其他医务人员间的沟通与交流的方法和技巧，以增强学生分析、解决问题和适应工作的能力。同时内容贴近护士执业资格考试变化趋势，侧重结合护考考点，实现高频考点的全面覆盖。本书各章节均有贴近生活实际或临床的案例，为开展教学创设了学习情境；增设知识链接，开阔学生视野，扩大其知识面，提高其学习兴趣。书末配有多项实训指导，供学生实践学习。通过手机扫描书中考点或书页，还可共享多种形式电子教学资源。

本书可供中等卫生职业院校护理、助产等医学相关专业学生使用。

图书在版编目（CIP）数据

人际沟通 / 王艳华主编. —北京：科学出版社，2018.5
中等职业教育数字化课程建设教材
ISBN 978-7-03-055397-3

Ⅰ. 人… Ⅱ. 王… Ⅲ. 人际关系学－中等专业学校－教材
Ⅳ. C912.11

中国版本图书馆CIP数据核字（2017）第281926号

责任编辑：池 静 / 责任校对：张凤琴
责任印制：徐晓晨 / 封面设计：铭轩堂

版权所有，违者必究。未经本社许可，数字图书馆不得使用

科 学 出 版 社 出版
北京东黄城根北街16号
邮政编码：100717
http://www.sciencep.com

北京凌奇印刷有限责任公司 印刷
科学出版社发行 各地新华书店经销

*

2018年5月第 一 版　　开本：787×1092　1/16
2021年7月第五次印刷　　印张：6 1/2
字数：154 000
定价：26.00 元
（如有印装质量问题，我社负责调换）

中等职业教育数字化课程建设教材

编审委员会

主任委员 郑小波　方　莉

副主任委员 符秀华　林智东　涂丽华　毕重国　朱红英

编委会委员 （按姓氏笔画排序）

丁宏伟　丁金娥　万爱军　马　英　王　萌
王　懿　王有刚　王艳华　卢桂霞　孙敬华
李　蕾　李长驰　李民华　李经春　李砚池
杨建芬　张　玲　张全丽　张晓萍　周士珍
郝　强　柳海滨　钟楠楠　袁亚红　郭　蔚
曹　岚　韩新荣　程　颖　程忠义　曾志励

中等职业教育数字化课程建设教材

教材目录

书名	主编	书号
1. 语文	孙敬华 李经春	978-7-03-055597-7
2. 英语	方莉	978-7-03-055594-6
3. 医护英语	曹岚	978-7-03-055598-4
4. 计算机应用基础	张全丽	978-7-03-055596-0
5. 职业生涯规划与就业指导	宋晨升	978-7-03-055723-0
6. 护理礼仪	李蕾	978-7-03-055595-3
7. 人际沟通	王艳华	978-7-03-055397-3
8. 解剖学基础	万爱军	978-7-03-055390-4
9. 生物化学	钟楠楠 丁金娥	978-7-03-055482-6
10. 化学（第3版）	丁宏伟	978-7-03-055914-2
11. 医用物理（第2版）	李长驰	978-7-03-055913-5
12. 生理学基础	柳海滨	978-7-03-055393-5
13. 病理学基础	周士珍 卢桂霞	978-7-03-055395-9
14. 药物学基础	符秀华 付红焱	978-7-03-055387-4
15. 医学遗传学基础	王懿	978-7-03-055349-2
16. 病原生物与免疫学基础	郑小波 王有刚	978-7-03-055449-9
17. 护理学基础	郭蔚	978-7-03-055480-2
18. 内科护理	张晓萍	978-7-03-055354-6
19. 外科护理	王萌 郝强	978-7-03-055388-1
20. 妇产科护理	李民华	978-7-03-055355-3
21. 儿科护理	李砚池	978-7-03-055394-2
22. 健康评估	袁亚红 程颖	978-7-03-055391-1
23. 社区护理	马英	978-7-03-055389-8
24. 老年护理	杨建芬 张玲	978-7-03-055350-8
25. 传染病护理	曾志励	978-7-03-055720-9
26. 中医护理基础	韩新荣	978-7-03-055558-8
27. 急救护理技术	程忠义	978-7-03-055396-6

前言 QIAN YAN

党的十九大对优先发展教育事业，加快教育现代化，办好人民满意的教育作出了重要部署，对发展职业教育提出了新的要求——完善职业教育和培训体系，加快实现职业教育的现代化，深化体制机制改革，加强师德建设，深化产教融合、校企合作，提升职业教育开放水平和影响力。为我国新时代职业教育和继续教育指明了方向，明确了任务。

科学出版社深入贯彻党的十九大精神，积极落实教育部最新《中等职业学校专业教学标准（试行）》要求，并结合我国医药职业院校当前的教学需求，组织全国多家医药职业院校编写了《全国中等职业教育数字化课程建设规划教材》。本套教材具有以下特点。

1. 新形态教材　本套教材是以纸质教材为核心，通过互联网尤其是移动互联网，将各类教学资源与纸质教材相融合的一种教材建设的新形态。读者可通过中科云教育平台，快速实现图片、音频、视频、3D 模型、课件等多种形式教学资源的共享，并可在线浏览重点、考点及对应习题，促进教学活动的高效开展。

2. 对接岗位需求　本套教材中依据科目的需要，增设了大量的案例和实训、实验及护理操作视频，以期让学生尽早了解护理工作内容，培养学生学习兴趣和岗位适应能力。教材中知识链接的设置，旨在扩大学生知识面，鼓励学生探索钻研专业知识，不断进步，更好地对接岗位需求。

3. 切合护考大纲　本套教材紧扣最新《护士执业资格考试大纲（试行）》的相关标准，清晰标注考点，并针对每个考点配以试题及相应解析，便于学生巩固所学知识，及早与护考接轨，适应护理职业岗位需求。

《人际沟通》是本套教材中的一本。根据当前中职生的认知水平及学习特点，本书突出了以下特点：一是整合教学内容。本书内容紧扣护士执业资格考试大纲，设置考点提示及对应习题，实现高频考点的全面覆盖。二是强调理论与实践紧密联系。配以案例、知识链接等内容。在内容安排上，本书体现了从沟通理论学习到实践技能训练、从一般沟通到专业沟通的循序渐进的学习规律，打破传统教材体例，使教学更具灵活性。

本书在编写过程中，得到了全国多家医药院校专家的鼎力支持，在此表示诚挚的谢意。由于编者水平所限，教材中若有不当之处，敬请同行批评指正！

编　者

2018 年 1 月

目 录 MU LU

第1章 绪论 ………………………………… 1
    第1节 沟通的概述和意义 ………………… 1
    第2节 沟通的类型与要素 ………………… 2
    第3节 人际沟通概述 ……………………… 4
    第4节 人际沟通的影响因素 ……………… 7

第2章 人际关系 …………………………… 10
    第1节 人际关系概述 ……………………… 10
    第2节 人际关系理论 ……………………… 17
    第3节 构建和谐的人际关系 ……………… 23

第3章 护理工作中的人际关系 …………… 29
    第1节 护士与患者的关系 ………………… 29
    第2节 护士与患者家属的关系 …………… 35
    第3节 护士与医生的关系 ………………… 37
    第4节 护士之间的关系 …………………… 39

第4章 护理工作中的语言沟通 …………… 43
    第1节 语言沟通概述 ……………………… 43
    第2节 交谈 ………………………………… 44
    第3节 护理书面语言沟通的技巧 ………… 50

第5章 护理工作中的非语言沟通 ………… 54
    第1节 非语言沟通的性质 ………………… 54
    第2节 护士非语言沟通的主要形式 …… 57

第6章 人际沟通在临床实习及应聘求职
        过程中的运用 ……………………… 62
    第1节 临床实习过程中的人际沟通 …… 62
    第2节 应聘求职的人际沟通 ……………… 65

第7章 护理工作中人际沟通的礼仪 …… 70
    第1节 护理工作中的礼仪要求 …………… 70
    第2节 护理工作中的日常生活礼仪 …… 73

实训指导 …………………………………… 78
    实训一 护理人际关系的处理 …………… 78
    实训二 交谈能力训练 …………………… 81
    实训三 非语言沟通的技巧训练 ………… 82
    实训四 临床实践中的护患沟通 ………… 83
    实训五 工作服饰及基本行为礼仪训练… 86

参考文献 …………………………………… 89

教学基本要求 ……………………………… 90

自测题参考答案 …………………………… 95

第1章 绪论

每个人生活在社会群体中,必然要同各种各样的人进行沟通和交流。沟通遍布我们生活和工作中的每一个环节,并且发挥着巨大的作用。有效的沟通能给我们带来成功和快乐,并有益于身心健康。不少研究表明,沟通技能无论对什么职业或行业都非常重要。

第1节 沟通的概述和意义

案例1-1 从前有一个人同时请了甲、乙、丙、丁四个人吃饭,临近吃饭的时间了,丁迟迟未来。这个人等着急了,一句话就顺口而出:"该来的怎么还不来?"甲听到这话,不高兴了:"看来我是不该来的?"于是就告辞了。这个人很后悔自己说错了话,连忙对乙、丙解释说:"不该走的怎么走了?"乙心想:"原来该走的是我。"于是也走了。这时候,丙对这个人说:"你真不会说话,把客人都气走了。"那人辩解说:"我说的又不是他们。"丙一听,心想:"这里只剩我一个人了,原来是说我啊!"也生气地走了。

问题:1. 为什么甲、乙、丙会生气呢?
2. 这个人犯了什么错误?他应该如何改正?

一、沟通的概念

《左传·哀公九年》中所述:"秋,吴城邗,沟通江淮。"沟通是一项活动,它最初的原意是挖一条沟,使两条原本不相通的河流的水相通,后用以泛指使两方相通连。沟通是一门科学,也是一门独立学科。这门学科20世纪70年代末至80年代初被学者引入,它作为传播学的核心概念,原译自英语communication,可以释为交流、沟通、传播。沟通是指信息发送者通过一定的渠道,将信息发送给接收者,并寻求反馈以达到相互理解的过程。

二、沟通的意义

沟通在我们的身边无处不在,而有效的沟通对提升工作水平,改善生活质量有着不可替代的作用。常言道:工欲善其事,必先利其器。你要想通过沟通来达到自己的目的,或者实现自己的愿望,就必须事先认识到沟通的重要意义。

(一)个体生存的需要

人不是孤立的,世界上完全孤立的人是不存在的。人要生存,必须与外界产生联系,联系过程中少不了与别人打交道,于是人与人之间的沟通就形成了。沟通能力是决定一个人成功的重要条件。美国哈佛大学曾做过一项调查,他们惊奇地发现:在500名被解雇的员工中,因为工作差错或是违反劳动纪律被开除的人只占很少一部分,大部分的人被解雇的原因竟然是因为人际沟通不良而导致工作不称职,他们被解雇的真正原因就是不会或是不善于与人沟通。由此可见，沟通是个人生存与发展的主导因素。

（二）获取知识的需要

常言道："读书使人聪明，交谈使人精明。"不论读书或是交谈，均是沟通的一种方式。沟通可以使人们获取信息、交流思想、表明态度、开阔视野和增长知识。有时甚至一些日常的沟通都能让我们获取到一些知识。例如：小张的孩子一到春天就会皮肤过敏，打针吃药未见效果，邻居王大妈在和小张沟通时得知此事，便将自己的经验告诉了小张。小张按王大妈传授的方法给孩子治疗后，孩子的病情好转，小张也因此获得了一些治疗皮肤过敏的知识和防御窍门。

（三）协调关系的需要

沟通是建立人际关系的起点，是改善和发展人际关系的重要手段。离开了人际沟通的行为，人际关系就不能建立和发展。有效的沟通可以协调个人、家庭、社会成员及团体、国家之间的关系。人们通过各种各样的沟通方式参与到社会活动中去，并通过各种社会活动建立各种各样的社会关系，不断地进行沟通协调，两者相辅相成。

（四）从事护理工作的需要

随着社会发展的进步，人民的生活水平不断提高，追求科学、文明、健康的高品位生活成为现代人的必然选择。这就要求医院能够提供人性化、个性化的医疗卫生服务来满足不同患者群体的各种需求，这种社会需求的变化更是对临床护理人员的素质提出了新的要求。沟通能力是护士的一项重要技能和基本功，它是护理过程中的一个重要部分，是每位护士应该掌握的，它直接影响着临床护理工作的进程，在护理活动中有着极其重要的作用。

> **知识链接**
>
> 美国著名教育学家卡耐基曾经说过："一个人事业上的成功，只有15%是依靠他的专业技术，另外85%靠人际关系、处世技能。"

第2节 沟通的类型与要素

一、沟通的类型

根据分类的标准的不同，沟通可分为以下多种类型。

（一）语言沟通与非语言沟通

根据沟通所使用媒介的不同，沟通可分为语言沟通和非语言沟通。

1. 语言沟通 以语言文字符号系统为媒介的一种最准确、最有效、使用最为广泛的沟通方式，包括口语沟通和书面语沟通两种方式。口语沟通是指通过说话的方式进行的沟通，它是一种传递迅速，反馈及时，灵活并适用性强的沟通方式，常用于交谈、调查、访问、讨论等方面。书面语沟通是指用书写和阅读的方式进行的沟通，它逻辑性强、周密、容易保存，如书籍、信件、书面报告、会议记录、通知、论文等。

2. 非语言沟通 以眼神、表情、动作、手势、姿态等非语言文字符号系统为媒介进行的沟通方式。它既可以单独使用，也可以作为语言沟通的辅助形式。

（二）直接沟通与间接沟通

根据沟通时是否借助工具，沟通可分为直接沟通和间接沟通。

1. 直接沟通　指运用人类自身固有的手段，无需借助媒介进行的人际沟通，如交谈、演讲、上课、开会等，它是人际沟通的常用方式。

2. 间接沟通　依靠诸如信件、电话、电报、短信等媒介作中间联系的人际沟通，称为间接沟通。这类沟通方式正日益增多，它拓展了人际沟通的范围，即使远隔千里，人与人之间也可以通过现代化的通讯设备像面对面一样的交流信息。

（三）正式沟通与非正式沟通

根据沟通的组织系统分类，沟通可分为正式沟通和非正式沟通。

1. 正式沟通　指按照正式的组织系统与层次进行沟通。如各级机关的文件、组织之间往来的公函、工作情况汇报、课堂教学等。正式沟通具有沟通渠道比较固定、准确度高、传播速度慢等特点。

2. 非正式沟通　指在正式沟通渠道外进行的信息交流，常用来传递和分享组织正式活动之外的"非官方"信息，是人们以个人身份进行的人际沟通活动。如人们私下交换意见、议论某人某事等，都属于非正式沟通。非正式沟通具有沟通形式灵活、信息传播速度快，但准确度不高的特点。

（四）单向沟通和双向沟通

从沟通信息有无反馈的角度看，人际沟通又可分为单向沟通和双向沟通。

1. 单向沟通　是指一方只发送信息，另一方只接收信息的沟通过程。如作报告、大型演讲等。实际上，严格意义的单向沟通是罕见的，接受者会以各种形式（如语言符号、非语言符号）或多或少地将信息反馈给沟通者。

2. 双向沟通　指沟通双方互为信息的发送者和接收者。沟通中发送信息者与接收者的身份不断变换，发送信息与反馈往复多次。如交谈、辩论、协商、谈判等。人际沟通的绝大多数均为双向沟通。

二、沟通的要素

沟通的基本要素包括信息发送者、信息、信息传输渠道、信息接收者、信息反馈和信息环境等六个要素。

（一）信息发送者

信息发送者指发送信息的主体，也称为信息来源。它可以是个人、群体、组织、国家。信息发送者通过语言、文字、表情、动作等形式将自己的想法、信息表达出来。

（二）信息

信息指信息发送者传递出的，并能被接收者的感觉器官所接收的思想、感悟、意见和观点等刺激。信息是沟通活动能得以进行的最基本的因素，信息是沟通的灵魂。

（三）信息传输渠道

信息传输渠道是信息得以传递的物理手段和媒介，是连接发送者和接收者的桥梁，也称媒介或途径。通常指视觉、听觉、味觉、触觉等。信件、电话、电传、通信员、信鸽等是常见的个人媒介，报刊、书籍、广播、电视、电影等是常见的大众沟通媒介。

（四）信息接收者

信息接收者指接收信息的主体，可以是个人、群体、组织、国家。在双向沟通中，信息接收者同时又是信息的发送者。

（五）信息反馈

反馈指接收者在获取信息后根据理解和感觉，提出自己的判断、意见和建议的过程。有效及时的反馈是沟通成败的关键。

（六）信息环境

任何沟通都需要在一个特定的环境内进行，它既包括沟通发生时的物理环境如场所、噪音等，也包括沟通时所有一切可影响沟通的人文环境如情绪、时间、文化背景等。

第3节 人际沟通概述

沟通所包含的领域有很多，我们学习和研究的重点是人际沟通。

一、人际沟通的概念与过程

（一）人际沟通的概念

人际沟通是沟通的一个重要的领域，指的是人与人之间通过运用语言或非语言符号系统进行的信息传递和交流的过程。

人际沟通不仅有语言符号的交流，有时也有非语言符号的参与和辅助。比如有时人与人在交流的时候，一边说话一边打手势，甚至有时不用说话，一个眼神一个动作就将要表达的意思表达清楚了。人际沟通也不仅仅只是信息的简单交流，同时还是思想、情感、需要的交流和渗透。比如同样和别人说一句话，由于信息传送者自身的情绪问题，这句话有可能说得让别人开心也有可能说得让别人生气，从而带来不同的沟通结果。

（二）人际沟通的过程

人际沟通是沟通的一个领域，所以它同时具有沟通所有的要素。但由于人际沟通是人类独有的沟通方式，因此它又具有自身独特的要素。人际沟通的过程是一个复杂的过程，包括信息策划、信息编码、信息传输、信息解码、信息反馈和沟通干扰等环节（图1-1）。

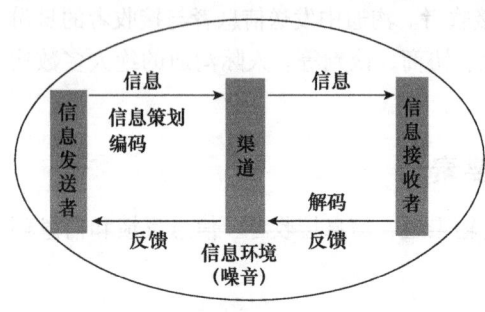

图1-1 人际沟通的过程

1. 信息策划　信息策划就是大脑对信息进行采集、整理、分析的过程。信息策划首先需明确自己所要传递的信息是什么，即要达到什么样的沟通效果，然后进行信息评估，通过整理与分析，去伪求真，筛选出传输信息的对象并决定沟通方式。

2. 信息编码　信息编码就是将所要交流的信息以某种方式表达出来，常用有语言沟通和非语言沟通两种方式。相同信息内容可根据信息接收对象的不同采用不同的编码内容。

3. 信息传输　信息传输就是信息的发送者将信息通过信息传输渠道向信息的接收者传输的过程。由于受外界环境及沟通者自身的一些因素的影响，信息传输的过程中常会出现信息损耗和传递障碍。如打电话的时候因为噪音的存在，信息接收者有可能听不完全信息发送者所发送的信息，或因沟通传输渠道的选择不恰当，导致信息传递的扭曲和失真甚至中断。

4. 信息解码　信息解码是指将接收到的信息做出自己的理解。只有当信息发送者的编码内容与信息接收者的解码内容一致或大致相同时，才能实现有效的沟通。

5. 信息反馈　沟通要素时已谈及，此处不再赘述。

6. 沟通干扰　沟通干扰即沟通环境中存在的影响沟通的各种因素，例如噪音。这些干扰因素，有些是人为的，有些是无意的，有些是外界环境造成的，有些是沟通者自身的原因。

二、人际沟通的模式

人际沟通是一个互动交流的过程。交流双方不仅要将信息通过信息传输渠道传递给对方，同时还要将彼此理解的信息相互进行反馈。

关于人际沟通的模式，比较著名的有美国政治学家拉斯韦尔提出的线性沟通模式，他提出了5W的线性沟通模式（图1-2）；美国数学家申农和韦弗提出的"数学传播理论"模式，强调了噪声对于信息传递造成的干扰；最为著名的是美国心理学家奥斯古德和传播学家施拉姆提出的循环型模式，其主要贡献是变单向直线型沟通为双向循环型沟通（图1-3）。

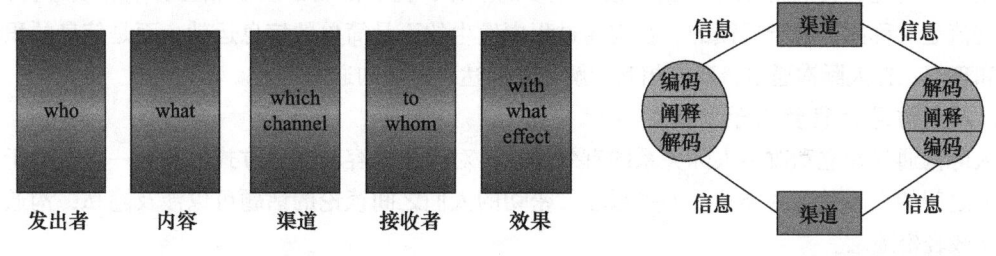

图1-2　拉斯韦尔模式　　　　图1-3　施拉姆模式双向信息转换过程

三、人际沟通的层次

根据人际交往双方在信息沟通过程中的参与程度及个人希望与别人分享感受的程度的不同，将沟通分为以下几个层次。

（一）一般性交谈

它是沟通的最低层次。指一般的社交应酬开始语。如"你好！""最近好吧？"等。双方在沟通过程中只是肤浅的应付，这种不涉及个人问题的一般性交谈可以使初次交往的双方有一定的安全感，有助于在短时间内打开局面和建立关系。可适用于护患第一次见面时使用。

（二）事务性沟通

它是一种纯工作性质的沟通。一般是在沟通双方还未建立比较信任的人际关系时常用，它既不参与个人意见，也不牵扯人与人之间的关系，只陈述客观事实。患者初次就诊时常以事务性沟通为主，直接陈述自己的病情，护士最好不要影响患者的陈述。

（三）分享性沟通

它是一种沟通双方已经建立起一定的信任，可以彼此交流看法和意见的沟通层次。在这一层次，护患之间可以就某一问题的看法交流意见或是对某一疾病的治疗护理意见进行探讨。

（四）情感性沟通

它是一种沟通双方彼此无戒备、有了安全感时进行的沟通。一般交往时间长，相互信任度高的人之间才会达到这种沟通层次。

（五）共鸣性沟通

它是沟通的最高层次，是沟通双方分享感觉程度的最高层次，是沟通的最理想境界。正如人们常说的"心有灵犀"，但很少有沟通能达到这一层次，只有非常相知的人才能达到共鸣性沟通。

(考点：人际沟通的层次)

四、人际沟通的特征

（一）人际沟通具有目的性

就像人生活在世界上离不开空气和阳光一样，社会中的人同样离不开相互沟通。人们通过与他人的相互沟通，认识自我、寻求帮助；通过沟通了解他人，也让他人了解自己；通过沟通在社会中发挥作用，并维持我们在生活中的相互关系。

（二）人际沟通是双向互动的反馈和理解

人际沟通是信息的给予和收集、发出和反馈的双向过程，它不同于通信设备之间简单的信息往复。在这里，沟通的双方都是积极、主动的主体，沟通的目的在于相互影响、改善行为。这种交流是对称的，易于反馈的，在沟通过程中发生的不是简单的信息运动，而是信息的积极交流和理解。在人际沟通中，双方相互理解，才能达到有效沟通的目的。

（三）人际沟通过程受制于一定的人际关系

人际沟通是建立和改善人际关系的有效途径，对沟通内容和沟通方式的选择一般取决于沟通双方之间的人际关系的类型。如关系非常密切的人们之间谈论的话题可以涉及隐私，沟通方式也比较轻松随意。

（四）人际沟通受情境的制约

生活中许多因素制约着我们的沟通行为。人际沟通一方面要受内部因素的制约，如沟通者的性格、理解能力、文化程度、情绪、心理素质、宗教信仰等，这些内部因素直接关系到沟通的成功与失败；另一方面沟通还受时间、空间、自然条件、环境等外部因素的制约，如双方沟通的距离过于遥远、沟通环境噪声过大等，这些都会妨碍有效沟通。

> **知识链接**
>
> ### 人际交往 S-O-F-A 秘诀
>
> S：smile　展开你的微笑
> O：open your posure　姿势要大
> F：forward lean　身体微微向前倾
> A：acknowledge your lisener uniquenese　让对方感受到你的奇特之处

五、人际沟通对护理工作的意义

有位医学家曾经说过：一名优秀的临床医务工作者既要有精湛的医疗技术、高尚的职业道德，还要有高超的人际沟通技巧。

沟通技巧是护士必须具备的一项基本功，护士职业成功最主要的因素就是护士的人际沟通能力。护士在工作中与人接触最多，处于卫生医疗工作中人际交往的关键位置，扮演着十分重要的角色。在医疗护理工作中，护士每天70%的工作量是与各类人员沟通。护士要与患者、患者家属进行沟通，收集资料，共同讨论、制订促进康复的计划；要与医生、其他护士等医疗人员沟通，以便更好地为患者服务；在按护理程序护理患者的每一个环节中，更需要与患者进行沟通。

近年来，随着社会经济的发展、科学技术的进步和医疗护理水平的提高，人们对医疗服务和优质护理质量的要求不断提高，同时人们的自我保护意识和维权意识也在逐步增强，医疗、护理纠纷的发生有上升的趋势。造成这种不良局面的原因与人际关系的处理不当有很大关系。

在护理工作中护士如果能很好地进行人际沟通，则有利于促进护理工作的发展，有利于提高护理工作质量。和谐的人际关系，既可以促进护患之间的相互理解，提高患者的满意度，减少护患纠纷，又可以使患者感到温暖，有利于患者的康复。

第4节 人际沟通的影响因素

案例 1-2 　　一位高龄患者因胃出血收治入院。几位家属神色紧张地将其用平车推到护士站。当班护士说："这里是护理站，不能入内。"其后带领患者家属将患者推到了病房，并对患者家属说："这里不许抽烟，陪护不能睡病房里的空床……"此时，一位家属很不满意地说："你还有完没完？"
问题：1. 为什么患者家属对护士有这么大的意见？
　　　2. 是什么影响了她们之间的沟通？

成功的人际沟通能使彼此相互理解，理解也会促成人们的相互合作，但人与人之间的沟通常常会受到各种因素的影响和干扰。了解什么因素会对沟通产生影响，将有利于我们提高沟通技巧，改进沟通的品质，从而使沟通得以顺利进行。

一、环境因素

（一）噪声

沟通的环境中有噪声或嘈杂的声音均会影响沟通的有效进行。如在马路上的汽车的喇叭声、装修时的各种打钻的声音、邻居家的狗吠声，电视、广播的声音等。因此，护士在和患者沟通前，应尽量排除一些噪声源，选择一个比较安静的环境，有利于护患沟通的顺利进行。

（二）隐私性

人们在沟通的过程中，往往会涉及一些个人隐私，如果选择的环境的隐私性不够，人们往往会不愿进行进一步的沟通。如患者原本想向护士谈及一些个人隐私，但因护士选择在病房内当着其他患者及其家属的面进行沟通，患者选择放弃沟通。因此，护士在与患者沟通时应尽可能地选择无人打扰的房间，或是回避其他人，以解除患者顾虑，保证沟通的有效进行。

（三）距离

在人际沟通过程中，人们总会有意识或无意识地保持一定的距离，双方之间的距离具有一定的含义。一般说来，关系越密切，距离越近。若是在沟通时保持了不恰当的距离，就会使对方感到个人的空间和领地受到限制和威胁，人们会自然而然地产生一种防御反应，从而降低沟通的有效性。因此，护士在与患者沟通时，应注意保持恰当的距离，要让患者既不感到有心理压力又有亲近感。

（四）环境氛围

沟通环境的温度、光线、气味、环境的美观程度等因素都可影响沟通的有效进行。温度过高或过低、光线过强或暗淡、有刺激性的气味、环境脏乱等都会使沟通者精神涣散，注意力不集中，对沟通造成不利的影响。因此，护士与患者沟通时应尽量选择简单、舒适、洁净的环境氛围，有利于沟通的顺利进行。

二、个人因素

（一）沟通者的生理及情绪

健康的身体、稳定的情绪有利于人际沟通。当沟通者的身体和情绪处于不舒适的状态时，他与别人的沟通就有可能出现一些问题，影响到沟通的正常进行。因此护士与患者沟通时既要学会控制自己的情绪，不要让自己的情绪影响沟通效果，也要学会避免在患者生理及情绪不佳时沟通，以避免造成不必要的沟通问题。

（二）沟通者的表达及理解能力

沟通者的表达能力及理解能力的欠缺会造成人际沟通的不顺畅。表达与理解能力的欠缺有些是沟通者能力的问题，而有些沟通者表达及理解能力的欠缺与其生理因素有关，如智力低下、精神异常、神志不清、有聋哑、失语等语言障碍等。其语言能力和思维能力都会受到影响，从而影响对信息的表达和理解，影响沟通效果。

（三）沟通者的知识水平

个人的知识水平会影响人际沟通，一般来说文化水平高、知识渊博的人，易于与人交流。

（四）沟通者的认知因素

认知是一个人对待外界事物的观点和态度。沟通者由于各自经历的不同和理解方式的差异，双方认知不同，看待事物的观点也自然不同。双方持不同的观点，沟通就容易受到影响，极易发生争执及冲突。

（五）沟通者的个性品质

有调查研究发现，性格热情、开朗大方、直爽大度的人易于和他人沟通，而性格内向孤僻、固执冷漠、自私、心胸狭隘的人，则很难与他人沟通。

（六）其他因素

价值观、社会文化背景、宗教信仰、性别、年龄等都是影响沟通的因素。

（考点：影响沟通的因素）

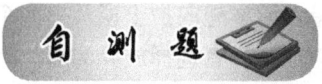

A₁/A₂ 型题

1. 下列属于语言沟通的是（　　）
   A．表情　　　　B．眼神
   C．书信　　　　D．手势
2. 护理人员对患者说："今天的天气真好！"请问，这属于哪一层次的沟通（　　）
   A．一般性沟通　　B．事务性沟通
   C．分享性沟通　　D．情感性沟通
   E．共鸣性沟通
3. 在下列影响人际沟通效果的因素中属于环境因素的是（　　）
   A．沟通者躯体疼痛
   B．沟通者听力障碍
   C．沟通当时环境很嘈杂
   D．沟通双方宗教信仰不同
   E．沟通双方价值观不同
4. 按照沟通的深度进行分类，哪一层次的沟通双方信任程度及参与程度最高（　　）
   A．一般性沟通　　B．事务性沟通
   C．分享性沟通　　D．情感性沟通
   E．共鸣性沟通
5. 影响人际沟通的隐秘性因素是指（　　）

A. 沟通场所阴暗
B. 沟通时有其他无关人员在场
C. 沟通一方情绪悲哀
D. 沟通一方性格内向

6. 影响有效沟通的个人因素不包括下列哪一项（　　）
   A. 生理因素　　　B. 社会环境
   C. 认知因素　　　D. 价值观
   E. 情绪因素

7. 患者，女性，60岁。初中文化，乳腺癌术后第1天。护士在早上查房时准备对患者进行健康教育。患者感到伤口阵阵疼痛，心情烦躁，对健康教育内容毫无兴趣，护士最终不得不终止，影响此次护患沟通失败的因素是（　　）
   A. 患者文化程度低　B. 患者伤口疼痛
   C. 有其他人员在场　D. 患者年龄较大
   E. 教育内容不合适

8. 患者，女性，78岁。脑出血急诊入院，医嘱一级护理，给予心电监护。接诊护士在向患者家属做入院介绍时，遭到了家属的强烈拒绝。最可能的原因是（　　）

A. 护士表情不自然　B. 护士着装不整齐
C. 护士介绍不到位　D. 正在对患者进行抢救
E. 病房环境较嘈杂

A_3/A_4型题

患者，女性，42岁。在得知自己被确诊为肠癌早期时，禁不住躺倒在床上失声痛哭，这时护士问："你现在觉得怎么样？"此患者一直低头不语，不愿意和护士沟通。之后的几天内，患者情绪很低落，常为一些小事伤心哭泣。

9. 当护士试图和患者沟通时，目前，影响护患沟通的核心问题是患者的（　　）
   A. 个性　　　　　B. 情绪
   C. 认知因素　　　D. 知识水平

10. 当患者因沮丧而哭泣时，护士不恰当的沟通行为是（　　）
    A. 制止她哭泣，告诉她要坚强面对
    B. 坐在她身边，轻轻递给她纸巾
    C. 轻轻地握住她的手，默默陪伴她
    D. 在她停止哭泣时，鼓励她说出悲伤的原因
    E. 当她表示想独自一人安静一会儿时，为她提供一个适当的环境

（王艳华）

第 2 章

人 际 关 系

第 1 节 人际关系概述

> **案例 2-1** 每个人都有自己独特的性格，动物也是一样，有时候，你会惊奇地发现，你的性格跟某种动物在某种程度上是那样的相像。将各种各样的动物做成幻灯片，让同学们分别描述它们的性格，主要是当它们遇到危险时的反应，比如，乌龟遇到危险就会缩回壳里。让同学们回想一下，当他们面对矛盾的时候会有什么反应，面对矛盾，他们的第一反应是什么？这一点和图中的哪种动物最像？如果图里面没有，也可以另找出适合的，最主要是要言之有理。让每位同学描述一下，他所选择的动物性格，说出理由。比如："我像刺猬，看上去浑身长满刺，很难惹的样子，其实我很温驯。"
>
> 问题：1. 你所选的动物和别人所选的动物是不是有什么奇怪的地方？你所用的它那一部分性格，别人注意到了吗？
>
> 2. 当不同的动物性格的人碰到一起的时候，应该如何相处？

人是社会的产物，人类生存离不开人与人之间的交往。没有人际交往，就不会形成和发展人的各种社会关系。不管你是否愿意，都要受到人际关系的影响和制约。一个人离开了他人，离开了社会、群体，是不可能独立存在于世的。人际关系的建立与维持不仅满足了人类的生存需要，而且也满足了人类健康发展的心理需要。

一、人际关系的概念

人际关系是指人们在物质交往和精神交往的基础上产生和发展起来的人与人之间的联系。这些联系的疏密程度显示了人与人之间在心理上的距离，并在人际交往过程中表现出亲近、疏远、友好、敌对等态度。

人类作为社会人在社会生存中有不同的需求，并且这一需求的满足程度决定了能否建立良好的人际关系。人际关系的范围很广，包括亲子关系、夫妻关系、兄弟关系、师生关系、同学关系、朋友关系、同事关系、战友关系等。如果双方在交往中的需求得到了满足，则相互间产生并能够保持良好的人际关系，使人心情舒畅，可以促进学习和工作效率的提高；反之，就会形成不良的人际关系，使人心情抑郁，产生冷淡、忧虑、孤独与无助感，影响个人正常的学习和工作，进而影响其身心健康。例如，护理工作中，护士能够理解、尊重患者的感受和需求，为患者提供高质量的护理服务，就可使患者的心理需求得到满足，从而患者能够信任护士，配合护士的工作；同样也使护士的心理需求得到了满足，工作得到了肯定，这样，双方就会建立起良好的人际关系。相反，如果护士对患者表现出不友好、不真诚、不尊重的态度，不考虑患者的心理需求，机械地完成各项护理操作，不能为患者提供令其满意的护理服务，就会引起患者的不安或反感，就会表现出对护士的不信任、不配合；护士的工作得不到患者的认可，其心里就会对患者感到不满和厌烦，则双方的关系就会处于不良状态，表现出疏远、冷淡甚至敌对的态度。

因此，护理人员应了解人际关系的特点及规律，解决人际关系中存在的具体问题，促进护患交往，保证护理工作正常进行。

二、人际关系的特征

人际关系建立起来后，形成一个动态的过程，但这并不是一成不变的，它会随着环境和条件的变化而变化。在这个过程中，人们会进行着不断的沟通并通过沟通来调整、改变着人际关系的水平和性质，从而使人际关系具有以下特性。

（一）社会性

人是社会的产物，社会性是人的本质属性，社会性是人际关系的基本特点。人与动物的最大区别便在于人的社会性。随着社会生产力的发展和科学技术的进步，人们的活动范围不断扩大、活动频率逐步增加、活动内容日趋丰富，人际关系的社会属性也不断增强。

（二）情感性

人们为了各自的目的和需要，同各种各样的人进行交往，保持一定的联系。这使得人们在沟通的过程中，将情感贯穿其中，因此人际交往具有明显的情感性。如果没有情感，也就不会有人际交往。在人际交往中，情感是动力因素，影响着人际关系的形成和发展变化。人的情感可以大致分为两类：一类具有积极性的特点，称为"结合性情感"，它使人们互相接近、吸引、接纳、沟通、理解等；另一类具有消极性特点，称为"分离性情感"，它使人们互相疏远、脱离、回避、紧张、不和谐等。人们在交往中，结合性情感越强烈，分离性情感则越薄弱，交往程度便会越高，关系亲密；反之，结合性情感越薄弱，分离性情感则越强烈，交往程度就越低，关系疏远。

（三）多重性

所谓多重性是指人际关系具有多因素和多角色的特点。每个人在社会交往中扮演着不同的角色：一个人可以在患者面前扮演护士角色，在同事面前扮演朋友角色，在丈夫面前扮演妻子角色，在孩子面前扮演母亲角色等。在扮演各种角色的同时，又会因物质利益或精神因素导致角色的强化或减弱，这种集多角色多因素的状况，使人际关系具有多重性。

（四）目的性

在人际关系的建立和发展过程中，均具有不同程度的目的性。随着市场经济的推进，人际关系的目的性更为突出。

（五）多变性

人际交往是在一定社会环境中的交往，社会环境受到如政治因素、经济因素、文化因素、道德因素、习俗因素、科技因素等影响在不断地变化，人际关系也会随之发生变化。其次，人际交往的双方随着其成长，经过了少年、青年、成年等阶段，人的生理及心理逐渐成熟，人际关系也会发生相应的改变而不会停滞。这就告诉我们应该把握人际关系多变性的特征，以便在现实生活中调整和适应人际关系的变化。

（六）复杂性

人际关系的复杂性体现于两个方面：一方面，人际关系是多方面因素联系起来的，且这些因素均处于不断变化的过程中；另一方面，人际关系还具有高度个性化和以心理活动为基础的特点。人际关系是存在于社会之中,存在于某个特殊的背景之中的。在社会背景下的人各种各样,他们有着不同的角色、身份和地位,并且根据不同的交往对象,随时变换角色身份。这些不同的人由于交往的准则和目的不同,交往的结果可出现千差万别的关系状态,如心理距离的拉近或疏远、情绪状态的积极或消极、交往过程的冲突或和谐、评价态度的满意或不满意等复杂现象。

(七)网际性

随着互联网的普及,越来越多的人通过网络与其他人交往,一种全新模式的人际关系逐渐被人们接受。它不仅使人际交往在心理和动机上发生改变,并且使人类的交往方式、交往结构和交往形式发生了巨大的变化。通过网络交往的人有可能是你所熟悉的亲人、朋友、同学、同事等;完全陌生的人也可以通过网络与你建立联系,使人际交往的范围得到了最大化,这充分体现了它的快捷性、高效性、开放性等优势。当然,网络人际关系也具有不确定、复杂多变的特点。

三、建立良好护理人际关系的意义

在绪论中曾经提到过,美国著名教育学家卡耐基说过:"一个人事业上的成功,只有15%依靠他的专业技术,而85%靠他的人际关系、处世技能。"可见在现代社会中,人际关系状况已经成为影响一个人成功的重要因素。

护理人际关系是指护士与患者、患者家属、医生及其他护理人员等因工作关系而建立起来的相互关系。随着医学模式的转变,护理工作领域日益扩大,护理人际关系网也随之不断扩大。科学地建立和调节好各种人际关系,不仅是做好护理工作和发展护理事业的需要,也是每个护理人员的主观愿望,谁也不愿意因人际关系的矛盾和冲突影响自己的学习工作和身心健康。护理人员在工作中与患者、家属、医生及其他医技人员进行交往和沟通,其中最重要的人际关系是护患关系和同事关系。优秀的护理人才不仅能为患者疗伤止痛,更能给予患者心灵和煦的阳光。因此,建立良好的人际关系对每个护理人员、护理集体都有着重要的意义,主要表现在以下五个方面。

(一)了解自己

李同学一大早进教室上课,忙中出错,竟然把两双鞋子各穿了一只,整整一个早上,她都没有发现,放学时,一位同学指着她的鞋说:"你的鞋子穿错了,穿了两双鞋呢!"她这才低下头,发现果然穿错了鞋。正如苏轼所说的那样"不识庐山真面目,只缘身在此山中"。他人是我们的一面镜子,我们通过与其他人建立关系来了解自己。在别人的镜子中,你会看到似曾相识的你,他人的喜怒哀乐你也会分享与体会。我们会很自然地向身边人、身边事学习、借鉴,我们会去尊重、去体验。如果不通过别人的看法来证实一下自我评价,自我评价就会不可靠;当自我评价得到别人的支持时,则这种评价也就得到了强化。当自我评价与别人对自己的评价不一样时,则可以通过他人的评价来协助自我了解。

(二)控制环境

护理是处在一种以人-人系统为主的工作环境中,人际关系对护理人员的工作情绪、日常心境有着较大影响。在医院这个特殊的环境中,护理人员、医生、患者及其家属等相依共存,密不可分。和谐、融洽、友爱、团结的人际关系能够使护理人员在工作中互相尊重、互相关心、互相爱护、互相帮助,充满友情和温馨,营造出使人心情舒畅、有利于身心健康的人际环境,激发护理人员对生活、工作的极大热情，对患者的治疗、护理、康复的需求尽可能地提供服务，使患者得到满足。反之，在相互矛盾、猜忌、摩擦、冲突的人际关系状态中，人们相互之间疏远或敌对，会感到心中不安、情绪紧张，产生不利于工作身心健康的人际环境。这不仅会影响护理工作的顺利进行，而且还会直接影响到护理人员的身心健康。

（三）提高工作效率

人类最初阶段，是以群体的联合力量及集体行动，来弥补个体自卫能力的不足并获取生活资料的。可以说，人际交往是人类生存下来的重要原因，并创造出现代文明社会。俗话说"团结就是力量""人心齐，泰山移""众人拾柴火焰高"。良好的人际关系有利于提高护理人员的工作效率。护理工作的很多环节并不是一个人能完成的。例如：对患者病情的观察，在责任护士下班回家后必须由辅助护士继续执行，这样责任护士才能全面了解患者的情况，制定出更好的护理措施，使患者早日康复。

在工作中建立良好的人际关系，可以获得他人的支持和帮助，可以协调一致，极大地减轻工作压力。即使工作出现困难，也能够借助周围人的关心和帮助顺利解决。护理人员与周围的人保持良好的关系，也有利于群体内部气氛的融洽、群体的团结合作和群体的整体效能的发挥。

良好的护理人际关系也有利于提高医院的管理水平，减少医疗纠纷的发生。有研究表明，80%的医疗纠纷与不良的医患沟通或护患沟通有关，只有不到20%的案例与医疗护理技术有关。因此，通过护理人际沟通，充分尊重患者的权利，建立良好的护理人际关系可以减少医疗纠纷。

（四）增进身心健康

人际关系与身心健康有密切联系。美国心理学家摩根对纽约州退休老人进行了一项调查，发现凡是在人际关系方面保持较多往来并较为协调的老人有更多的幸福感，而那些很少与人交往的老人更多体验到的是悲伤感和孤独感。这说明人际交往能消除孤独、减轻痛苦、增加快乐，它通过人与人之间充分的思想、情感的交流，促进个体心理的健康。通常一个和睦的家庭，其家庭成员均拥有较健康的身体状况；一个人如果在工作中或是在家庭中人际关系持续紧张，就会直接导致或在一定条件下诱发身心疾病（如神经衰弱、高血压、溃疡病等）。反之，一个人与他人保持良好的人际关系，心情会愉快，良好感觉会增加，这样就能有效地消除负性情绪，不但能促进身心健康，还对防治身心疾病有很大作用。

当你发现自己处处受欢迎，甚至受到他人关心时，自我感觉会更佳。在最凄凉的日子里，由于朋友的到来，你会觉得柳暗花明，生活还是到处充满阳光，会更加积极地生活、工作。这就是人际关系对身心健康所产生的巨大而积极的影响。

（五）促进行为改变

人们是通过建立人际关系，以促使相互学习、取长补短的。俗语说"金无足赤，人无完人""荷花虽好，还需绿叶来衬""一个篱笆三个桩，一个好汉三个帮"，说明人们需要多方面相互协作、鼓励，从而促进人的行为改变。心理学的行为学派认为，人类的行为多是通过对他人的学习获得的。人们在交往中，其行为相互作用、相互模仿，因此"近朱者赤，近墨者黑。"如果人际关系好，一方的行为会对另一方的行为起很大的暗示作用。例如，一个态度傲慢、工作懒散的护士被调到一个人际关系良好的病区，护士长经常主动地找她谈心，其他护士对她的工作也给予耐心的指导和帮助，慢慢的，她在这个集体中会逐渐与同事结成良好的人际关系，同时也因受到其他同事的影响，逐步克服了不良的行为，养成态度认真、关心患者、帮助他人的良好行为，护理工作得到了大家的肯定。

四、人际吸引的基本规律

不同需要、不同个性、不同反应方式的个体是如何相互选择、相互吸引的呢？弄清这个问题，了解人际吸引的规律，对于我们认识行为、预测行为、引导行为，提高自己的人际吸引力和交往能力大有裨益。

（一）接近吸引律

所谓接近吸引律，是指交往的双方存在着诸多的接近点，这些接近点能够缩小相互之间的时空距离和心理距离，因此彼此之间容易相互吸引，并继而成为知己。人际吸引的接近点很多，主要包括以下几个方面。

1. 时空接近　人们生活的空间距离越小，则双方越容易接近，彼此之间越容易相互吸引。如同乡、同学、同事、邻居，由于双方具有类似的经历、情感和连续相互作用的期望及彼此了解的机会，因而容易相互吸引。俗话说："远亲不如近邻""近水楼台先得月，向阳草木早逢春"，实际上都说明了时空上的接近点是友谊形成的重要因素。另外，时间上的接近，如同龄、同期毕业、入伍、入厂等，也易在感情上相互接近产生相互吸引。

2. 兴趣、态度接近　在人际交往中，如果双方志趣相投、性格特点相似、态度观点一致或价值取向相同，就容易相互吸引，结成知己。例如，两个人在政治观、宗教信仰、对社会现象的看法等方面都比较相似，即所谓"志同道合"，就能相互吸引，感情上更为融洽。我们平时所说的"情投意合""惺惺相惜""酒逢知己千杯少，话不投机半句多""物以类聚，人以群分"等都说明了相似的人易结交成朋友。态度的相似性是建立人际关系的一个重要因素。只要对方和自己的态度相似，哪怕在其他方面有缺陷，同样也会对自己产生很大吸引力。

3. 职业、背景接近　专业、民族、地域、经历接近的人，易找到共同的语言，缩短相互的距离，因而相互吸引。古诗中的"同是天涯沦落人，相逢何必曾相识"表达的就是这层意思。如我们到某地出差办事，在谈公务时偶尔得知双方曾同住过某地，或认识同一个朋友，或是参加过同一活动……双方立刻感觉到亲近多了，再谈起公事来，就不再是打官腔，而是诚恳交往了。这就给我们一个启示：在与他人初次交往时，应多谈一些双方感兴趣的话题，努力寻找双方的接近点和共鸣点，以深化关系、促进交往。为什么邻近性能产生喜欢呢？其部分原因可能是由于熟悉，同时简单的人际互动也会提高对彼此的好感。心理学家解释"离得近的人比离得远的人更有用"，因为离得近，交往的机会多、刺激频率高，选择朋友就比较容易，一个人和我们住得越近，我们就越能了解他，也更容易成为朋友。

（二）互惠吸引律

趋利避害是人的本性，是个体或团体潜意识或明确的社会行为动机。如果交往的双方，能够给对方带来收益、酬偿，就能增加相互间的吸引，这种收益报酬包括知识的、生理的、心理的（如喜欢、尊重、信任、赞扬、认可）、政治的（如权力、地位）等需要的满足。一般来说，如果人们预示行为可能得到报偿的趋向，即显现出吸引力，估计得到报偿的概率越大，吸引力就越大；收益与付出之比的比值越大，吸引力就越大；越接近预期的报偿，吸引力就越大。互惠互酬吸引力表现在人的一切交往活动中，其最主要的表现形式有以下几种。

1. 坚持感情交流时做到互慰　是指人际交往的双方，都以自己的表情、姿态和言语动作给他人带来愉快的感情进而增加相互的吸引。如相互奉献真诚善意的微笑。微笑，是对他人表示喜欢、尊敬的最简捷的形式，它可以使人得到快慰和美的酬偿，从而使人心理相通、相近、相亲，相互传递真情实感。在交往中，如果一方真情实意，另一方却怀有戒心、城府很深，则使对方产生失望之感，而造成心理隔阂。

2. 坚持人格面前做到互尊　每一个正常的人都有得到他人尊重、信任、认可的需要。因此，真诚地尊重他人，是获得他人尊重的最佳方法。你愈尊重、关心他人，你在他人生活中的重要性也就愈大，人们就会以同样的态度回报你。如果自命不凡、目空一切、待人傲慢，必然会伤害对方自尊心而引起反感甚至气愤，从而造成交往的障碍。

3. 坚持目标一致时做到互进　人们之间的交往如果有助于双方有关目标的实现，则双方的吸引力就能增强。如通过行为接触和思想交流，彼此感到受益匪浅，具有"听君一席话，胜读十年书"之感，那么交往的水平就会提高。

4. 坚持遇到困境时做到互助　患难识知己，逆境见真情。当一个人遇到坎坷、碰到困难、遭遇失败时，往往对人情世态最为敏感，最需要友谊和帮助。如果对朋友的困难冷漠麻木、小气吝啬，或者怕引起非议、麻烦，就必然使对方产生失望之感和怨恨之情，从而中止交往。

5. 坚持遇到过失时做到互谅　人非圣贤，孰能无过，即使再善良的人包括我们自己，也有不小心而伤害到他人的时候。因此，当他人做了对不起你的事，说了伤害你的话时，应以宽宏大度的态度去谅解。只有这样，当你有了过错时，他人才会以同样的度量去容忍谅解你。

（三）对等吸引律

对等吸引律是指人们都喜欢那些同样喜欢自己的人。这就是古人所说的"敬人者，人恒敬之""爱人者，人恒爱之"的心理机制。因为，人们都愿意被人肯定、接纳和认可，他人的喜欢是满足这一需要的最好奖赏。希波克拉底说："对待患者最好的方式就是对他们的爱，对他们事情感兴趣。"

（四）诱发吸引律

诱发吸引律是由自然的或人为的某一因素而引发的吸引力。在人际交往的过程中，如人们受到某种诱因的刺激，而这种刺激正是投其所好，就会引起对方的注意和交往兴趣，从而相互吸引。最常见的诱发因素有以下几种。

1. 外表和容貌　亚里士多德曾说："美丽是比任何介绍信更为巨大的推荐书"，这在今天并无多大改变。外表和容貌对初次交往的人来说，是一个重要的吸引因素。两个人在进行交谈以前，往往是根据交往者的外貌特征来评价他，形成肯定或否定的印象，从而影响或左右以后相互之间关系的发展。例如，一位新入院的患者李大爷由于对医院环境、医务人员感到陌生，心理非常紧张，这时一个穿着干净整齐工作服、面带微笑的小王护士热情迎接，主动介绍自己及周围环境，李大爷顿时觉得小王特别亲切，护理水平肯定很高，相信自己在小王的照顾下能很快康复。但是也有研究表明，仪表因素的作用随着交往时间的延长和了解程度的加深会越来越小，人际交往的吸引力将会从外在的仪表逐渐转入到人们内在的品质。

2. 才华和能力　在其他条件都相同的情况下，一个人越有才华和能力，人们就越喜欢他。尽管外貌吸引力是一个显著而稳定的信息，但才华和能力最终很可能更重要。

3. 个性与品质　个性品质是影响人际交往的一个最重要的因素，良好的个性品质能增加人际吸引。一般来说，个性品质具有无与伦比的吸引力，而且这种吸引力持久、稳定、深刻。在其他方面一样的情况下，如果一个人诚实、正直、乐于助人、友好和善而不奸诈狡猾、损人利己、敌对冷酷等，那么我们就会产生喜欢他的倾向。在人际交往的初期，一个人的外表美往往具有较大的影响，但随着交往的加深，这种影响会逐渐减弱，而个性品质的影响则逐渐增大，优良的个性品质比外表美丽具有更持久的人际吸引力。

（五）互补吸引律

当一方所具有的品质和表现出的行为正好可以满足另一方的心理需要时，也会产生强烈的人际吸引，使双方建立亲密的关系。需要的互补性主要体现在能力特长、人格特征、需要利益、思想观点四个方面。如性格外向、直率、主观武断、脾气暴躁的人与性格内向、耐心、脾气随和、思维周密的人配合工作时，由于能够互相取长补短、相得益彰，就易相互吸引、团结合作。独断专行的人和优柔寡断的人会成为好朋友；活泼健谈的人和沉默寡言的人会结成亲密的伙伴。互补为什么会吸引呢？这是因为人们都有追求自我完善的倾向，当这种追求个人无法实现时，便会设法从他人身上获得补偿，以达到个人需要的满足。尽管双方的性格、态度大相径庭，但是双方在气质、性格上都各有优点和缺点，彼此之间可以取长补短，互相满足对方的需要。由此可见，需要的互补性也是形成人们之间良好关系的一个重要因素。

（六）晕轮（光环）吸引律

晕轮（光环）吸引律包括社会地位和声望等，某些人身上积极的特征就像光环一样使人产生晕轮效应，让人感到他一切品质特点都富有魅力，从而愿意与他接近交往。"明星崇拜"现象就是这个原理的例证。

（考点：人际吸引规律）

五、人际关系与人际沟通的辩证关系

人际关系与人际沟通既有密切的关系，又有一定的区别。

（一）人际沟通是建立人际关系的手段

人际关系是在人际沟通的过程中形成和发展起来的，离开了人际间的沟通行为，人际关系就不能建立和发展。事实上，任何性质、任何类型的人际关系的形成，都是人与人之间相互沟通的结果；人际关系的发展与恶化，也同样是相互沟通的效果。沟通是一切人际关系赖以建立和发展的前提，是形成发展人际关系的根本途径。例如，责任护士要给患者进行入院护理评估，首先应与患者进行沟通，介绍自己，表明自己会给患者提供各项帮助，让患者认识自己，能接受护理服务，从而建立起护患间的人际关系，患者才会信任与配合护士的工作。

（二）建立人际关系是人际沟通的目的

人们学习如何培养良好的人际沟通态度，如何提高人际沟通的能力，不只是简单地为了与他人之间说几句话，做几件事而已，其目的都是为了建立、维护和谐的人际关系，有了良好的人际关系，而后才能进一步实现其他目的。

（三）人际沟通与人际关系相互影响

人们沟通良好，思想互动、行为互动广泛而持久，彼此间就能建立起较为密切的人际关系。人际关系良好者，彼此间沟通时态度也较友好，沟通频率较高；反之，如果相互之间缺乏沟通，感情对立，行为疏远，则彼此间心里就不相容，导致人际关系紧张。人际关系紧张时，沟通的态度表现出不友好，沟通的频率也会较低。

（四）人际沟通与人际关系的研究重点不同

人际沟通研究的重点是人与人之间联系的形式和程序，即体现为实现某个目的的过程、手段等；而人际关系研究的重点则是在人与人沟通基础上形成的心理与情感关系，即通过过程所达到的目的、结果等。

第2节 人际关系理论

一、人际认知理论

人际认知是指个人在与他人交往时，根据他人的外显行为，推测与判断他人的心理状态、动机和意向的过程。包括对他人表情、性格、人际关系等方面的认知；对他人和自己之间相互关系的认知；他人与他人之间相互关系的认知。

人际认知是人们的社会行为基础，一个人对他人会做出怎样的反应，经常取决于对他人的推测和判断。日常生活中，我们对他人的认知和判断，随着交往的积累而逐渐丰富和准确，也是逐渐由表及里、由浅入深的，从初次相见时的初步印象，包括衣着、神色、姿势、相貌等，继而到身份、兴趣、能力等，并更加接近其人格特质的核心。我们所观测的行为是外显的，而人际认知是一个内在的过程，是决定人际关系的重要环节。

人际认知效应是指在人际认知中，具有客观规律性的现象。常见的人际认知效应有首因效应、近因效应、晕轮效应、刻板效应等。

（一）首因效应

即第一印象，指的是人们在第一次交往中对他人形成的印象。人们在交往中，往往比较重视最先得到的信息，对后来信息就较不重视。第一印象作用最强、最深刻，持续的时间也长，往往影响以后的交往。如果双方的第一印象是和谐的，那么这种和谐至少会持续一段时间；反之，则需要更大的努力来改进关系。例如，哥哥教导即将外出工作的妹妹说："到了新单位工作时要学勤快些，特别是在刚开始时，给其他同事留下一个好印象，那么即使以后有时偷懒，别人也会想，谁都有想休息的时候啊！如果最初给别人的印象是你很懒惰，即使以后变得勤快了，人家也会说你是懒虫一个！勤快也是装出来的！"哥哥的话，体现出他懂得第一印象的独特作用。

虽然我们也知道仅凭一次见面就给对方下结论为时过早，"首因效应"并不完全可靠，甚至还有可能会出现很大的差错。例如，一位心理学家曾做过这样一个实验：他让两个学生都做对30道题中的一半，但是让学生A做对的题目尽量出现在前15题，而让学生B做对的题目尽量出现在后15道题，然后让一些被试者对两个学生进行评价：两相比较，谁更聪明一些？结果发现，多数被试者都认为学生A更聪明。由此可见，绝大多数的人还是会下意识地跟着"首因效应"的感觉走。因此，我们若想在人际交往中获得别人的好感和认可，在初次与别人见面时，千万要注重自己的衣着打扮，穿着要整洁，打扮应适度，言谈举止要得体，尽可能给别人留下美好的第一印象。

（二）近因效应

近因效应是指在多种刺激一次性出现的时候，印象的形成主要取决于后来出现的刺激，即在人际交往中，我们对他人最近、最新的认识占了主体地位，掩盖了以往形成的对他人的评价。比如多年不见的朋友，在自己脑海中印象最深的，其实就是临别时的情景；一个朋友总是让你生气，可是谈起生气的原因，大概只能说上两三条，这也是一种近因效应的表现。在人际交往中，这种现象很常见。

在人际交往中，我们说话的效果也受到近因效应的影响。最后的声音容易"余音绕梁"，给人以更深的印象。这就提醒我们，在和人说话的时候，如果一定要说消极的话，最好不要放到最后说。例如，曾国藩在镇压太平天国的时候，开始时常打败仗，于是在给皇帝报告军情时，不得已写上"屡战屡败"。但他的谋士坚决反对他这样写，说这样皇帝可能治罪，于是改成了"屡败屡战"。这样一改，皇帝不但没有治罪，还觉得他有不屈不挠的斗志。

（三）晕轮效应

所谓晕轮效应，又称光环效应，就是在人际交往中，人身上表现出的某一方面的特征，掩盖了其他特征，就像月亮的光环一样，向周围弥漫、扩散，从而以一当十，掩盖了对这个人的其他品质和特点的清醒认知，从而造成人际认知的障碍。在日常生活中，"晕轮效应"往往在悄悄地影响着我们对别人的认知和评价。正如俗话所说的"一俊遮百丑""情人眼里出西施"，如果认识到一个人具有某种突出的优点，就认为其在其他方面也很好，这个人就被一种积极肯定的光环笼罩，并被赋予更多更好的品质；相反，如果认识到一个人具有某种突出的缺点，这个人就被一种消极否定的光环笼罩，认为他的其他方面都不好。比如在学校里，一个学生的学习成绩好，大多数老师和同学就会认为这个学生是一个智商很高、聪明、热情、灵活、有创造性的学生。如果学生在某一方面表现不好，如成绩不好或顽皮捣蛋，往往就会被老师认为其一无是处。

晕轮效应是一种"肯定一切"或"否定一切"的做法，其实质是以偏概全，以某一方面或某几方面的认知替代全部的印象。这种认知偏差，往往是在掌握认知对象信息较少的情况下做出总体判断的结果。心理学家提醒我们，在看人、评价人时，不要急于做出评价，要一分为二，尽可能全面地看待。

另一方面，我们也可以利用人的"晕轮效应"心理来为自己服务：我们要注意做好自己应该做好的工作与生活中的每一件小事，以免贬损自己在他人心目中的形象和地位；另一方面，要敢于展示自己，让更多的人了解自己的优点和长处，尽可能利用自己的优势制造光环效应，增强自己的人际吸引力。

（四）刻板效应

刻板效应是指在人际交往中，对某人或某一类人进行简单概括归类，形成比较固定的、类似的印象或看法。认知者在对某类成员个性品质通过归类、概括而产生的，反映了这类成员的共性，有一定的合理性和可信度，所以它可以简化人们的认知过程，有助于对人迅速做出判断，帮助人们迅速有效地适应环境。比如人们总有这样的观念：说到商人，就认为他们"唯利是图"；说到北方人，就认为比较粗犷直爽；看到胖人，就认为性格比较乐观开朗；说到女性，就以为是软弱温柔。

但是，我们不能忽视人的个体差异性。刻板印象并不能代替活生生的个体，它只是一种概括而笼统的看法，用这种定型去衡量一切，容易使人的认识僵化、保守，就会造成认知上的偏差。

人际认知偏差，是指由于认知方法不正确而引起错误的一种人际认知现象。社会心理学研究表明，在人际交往中由于各种因素的影响，人际认知效应可能造成个体在人际交往中认知的表面性和片面性，丧失了对交往对象的全面认知，极易陷入人际认知的误区，从而产生对他人的认知偏差。人际认知偏差普遍存在于我们的社会人际交往中，这些人际认知效应和偏差如果不能被很好地认识和处理，就会在很大程度上影响人际关系的处理，产生不愉快的情绪，损害身心健康，降低生活质量。

在护理人际交往与沟通时，护理人员要掌握人际认知的规律性，合理地应用人际认知效应，例如，对于患者，护理人员要注意自己的仪容仪态，言行举止，给患者留下一个好印象；在与人交往中，不要被别人留下的第一印象所迷惑，也不要加上自己未经证实的想法与推断；对于固有的认识，不要一味地遵循。护理人员应该与时俱进，开拓创新，及时更新自己的观念与想法，把握时代脉搏，紧追时代潮流，这样才能有效克服认知偏差，建立和发展良性的护理人际关系。

（考点：人际认知效应）

二、人际冲突理论

（一）人际冲突的概念及特点

人际冲突是指人际交往的双方，由于人格、个性、利益、认知等的差异及沟通障碍所引起的相互对立的状态，表现为相互关联的各个主体之间的不和谐、紧张、敌视，甚至争斗关系。人际冲突发生的原因多种多样，可能是各方的需要、利益不同，或者对问题的认识、看法不同，或者是价值观不同，或者是个性、行为方式及做事的风格不同，也有可能是双方的职业、年龄及地域不同等。

人际冲突是人际关系发展的重大障碍，人际冲突阻碍着人际互动、人际沟通、人际合作等各种人际交往行为的进行。

人际冲突具有以下特点。

1. **冲突涉及人际间的不协调** 冲突是一种斗争，它是两种相反力量或多种不同力量相通的结果。例如，两个对某一事件持不同观点的人遇到一起后发生争论，就会出现冲突。

2. **存在相互依赖** 如果人与人之间不存在任何关系，则不可能发生冲突。例如，如果护理人员可以完全独立地工作，将不产生冲突，因为每个人都可以做自己的工作，就没有可争论的领域。但实际上，他们在很大程度上必须相互依赖：患者要依赖护理人员为其提供护理服务，护理人员要依赖患者的配合及其他医务人员的工作等。这些人与人之间的相互依赖为冲突的形成创造了条件和环境。

3. **有情感因素参与** 当人们提出的观点被他人怀疑或否认时，常常感到不安，觉得有必要保卫这种信念和观点，或为自己的地位而斗争。这时就会出现兴奋、紧张或愤怒等状态，这就是在冲突过程中唤起的情感反应。

4. **存在一定差异** 每一个人都有个性，都有特定的信仰、需要和行为，而每个人的需要不可能完全一样，冲突就是来自人们之间在信仰、观念和目标方面的差异，或是来自于人们之间在控制、地位和隶属愿望上的差异。人际交往中，人的这些差异不会消失的，是构成冲突的基础，冲突是不可避免的。

（二）人际冲突的类型

对于人际关系来说，冲突可以带来挑战，也可以带来机遇。根据人际冲突的作用不同，可分为建设性冲突和破坏性冲突两大类。

1. **建设性冲突的特点** 建设性冲突指对事物的发展具有积极意义的冲突。一般来说，建设性冲突的过程往往会激发人们的积极性、主动性和创造性，提高人们的主人翁责任感和参与意识。俗话说"不打不相识"，由于冲突的各方都是为了共同目标，对实现目标都积极热心，相互间都愿意了解对方的观点、意见，围绕共同焦点问题展开建设性的争论，致使相互交换情况不断增加。冲突各方对事物的了解更加全面，可以形成"头脑风暴"，彼此激发新思想，最后找到解决问题的更好方案。所以，这种良性竞争的结果会给组织带来活力，形成生动活泼、朝气蓬勃的局面。

2. **破坏性冲突的特点** 破坏性冲突指对事物的发展具有消极意义的冲突。在日常生活中，由于心存芥蒂，人们只关注自己的观点是否能赢得胜利，而不愿听取对方的观点和意见。冲突双方出现沟通不良，不管对方有无合理之处一概排斥和不予接受，不负责任的言行越来越多，相互之间交换情况越来越少，形成破坏性的冲突。有时冲突愈演愈烈，沟通完全停止，情感出现隔膜，冲突的双方相互诋毁、相互拆台，甚至进行恶意攻击，其结果不但无益于事情的解决，还导致双方关系破裂。

（三）发生冲突的常见原因

在人际交往中，冲突是不可避免的，护理人员应充分了解工作中冲突产生的原因，并且采用恰当的方法来避免或解决冲突，这在人际关系中是非常重要的。发生冲突的常见原因有以下几种。

1. **信息原因** 由于信息沟通不畅，或沟通双方掌握情况不同而发生的冲突。例如，一天，护士小张去为住院的李大爷进行健康教育，李大爷的家人不在，张护士还是很认真地给李大爷介绍疾病的相关情况，可是李大爷一句话也不说，只是指着自己的耳朵不停地摆手，张护士急了，以为李大爷不愿听自己的介绍，气得想转身离开。正在这时李大爷的儿子回到病房，了解到事情的原因后急忙向张护士解释，原来李大爷听力不好，听不见张护士说的话。

2. **认知原因** 由于人们的社会背景、文化传统、教育层次、工作经历、人生经验等存在差异，导致看待事物的观点不同、处事原则和价值观不同、对事物的是非曲直、好坏评价不同。例如，在对晚期癌症的患者进行治疗的过程中，有些患者不堪病痛和治疗的痛苦，要求医护人员给其实施安乐死，但限于各方面原因，医护人员并没有这样做。该不该实施安乐死，对于这个现象医护人员之间有了争论。有人认为，安乐死更加符合人道，每个人都有权利选择自己的治疗和护理方式，也有权利选择放弃自己的生命，生命的存在主要在于生活质量。而有很多人也认为，生命是宝贵的，应运用一切有效的技术维持患者的生命。

3. **利益原因** 当个人的利益受到他人的威胁时，即可能产生冲突。例如，某医院骨科的赵护士和王护士，同一年进入医院工作，两人的业务能力都非常优异，平时关系也不错，工作上也能相互合作。但最近由于骨科护士长到了退休年龄，医院告知赵护士和王护士，两人当中的一位将成为新的护士长，两位护士的关系开始变得紧张起来……

4. **态度原因** 患者因为患病入院，此时患者特别在意护士的态度，渴望被尊重、受重视。如果护士不注意自己的言谈举止和态度，很容易令患者感到被冷落，甚至受蔑视，引发护患冲突。

5. **个性与品德** 每个人的个性不同、道德水平不一、行为习惯各异，在相互交往中便有可能产生冲突。例如，深夜，心内科的病房内，一位患者家属在抽烟，护士小王看到后皱着眉头说："太没有公德了！"，"你讲什么？谁没有公德？不就抽根烟嘛！"，"你没有公德！你让病房的其他人都抽二手烟？"，"关我什么事"，两人的争吵越来越激烈。

（四）处理冲突的常用方式

在人际交往中，产生于老师、同学、同事、邻居、朋友等人际关系中的种种冲突，不停地困扰着人们，会使人们精神紧张，意志消沉，甚至心理失控，工作、学习和生活乃至身体都将受其影响。以下是处理人际冲突的一些常用方式。

1. 回避　就是暂时绕开冲突。运用回避是意识到冲突的存在，但是逃避它，既不合作也不维护自身的利益，一走了之。例如，护士甲问护士乙："不是说让我们一起参加这次护理操作竞赛的吗？怎么这次只让你去了，为什么？"护士乙低着头："我也不清楚。"说着，走出了教室。采取回避策略通常能维持暂时的平衡，但是不能从根本上解决问题，而是使问题积累，可能会导致冲突的可能性越来越大。

2. 迁就　是指把别人的利益放在自己利益之前，为了维系相互之间的关系，采取忍让的态度，愿意牺牲自我，从而维持和谐的关系。迁就的特点是宽容，为了合作，不惜牺牲个人目标，这种处理方式往往会受到欢迎。例如：某医院在竞选心内科护士长，最理想的人选是王护士和李护士，但两者旗鼓相当只能二选一。王护士考虑到李护士曾在业务方面给予自己很多支持和帮助，所以主动要求退出竞选，最后李护士当选为护士长。

3. 妥协　就是要以理服人，以说理的方式让一方改变态度或行为，双方各让一步，不能追寻十全十美，从而避免冲突。例如：1998年，中国女子体操队队员桑兰，在参加一场比赛时不幸跌落而致脊髓严重挫伤，造成高位瘫痪。2011年，由于康复费用无着落，桑兰赴美状告当年的赛事承办者——美国体操运动协会，以及原来在美康复期间的监护人等机构和个人。但在官司的最紧要关头，桑兰却与美国体操运动协会达成妥协协议。面对人们不解和疑惑的神色，桑兰说："不妥协，两败俱伤。只有妥协，才会赢。"人们看到的是一个更加成熟、更加睿智的桑兰。妥协应该是开放、合理的，是一种解决冲突的正确方法。

4. 合作　就是双方开诚布公地讨论，全面理解双方的差异，积极寻求共同利益点，双方互相支持、互相尊重、合作解决问题，从而使双方的利益都得到满足，是一个双赢的处理方式。有人做过这样一个实验：实验人员把几个拴着细线的小球放进一个瓶子里，瓶口很小，一次只能容纳一个小球通过。实验人员让每个同学拿一根细线，然后对被测试的几个同学说："这是一个火灾现场，每个人只有逃出瓶子才能活下去。"实验开始时，被测试的同学无一例外地都争先恐后地把细线拼命往上拉，导致最后一堆小球堵在瓶口，没有一个成功逃出。这时，有个同学提出按年龄大小，只见被测试的同学从小到大，依次把小球取出来了。这就是合作的力量啊！

5. 强制　是指以牺牲别人的利益来换取自己的利益。强迫对方接受自己的观点，成为冲突双方中的"赢家"。这种方式效果很好（如领导作出决策）。例如，假期即将来临，小李护士想出去旅游，找护士长说了几次请护士长放假时期不要排她的班，但是由于某种原因，护士长没有同意她的排班请求，还是排了李护士假期值班。小李最终坚持上了班，但是觉得很委屈，认为护士长不近人情。强制的方式需要思考后才能落实，否则只能使冲突升级或模糊冲突焦点，不能真正解决冲突。

不论使用哪种方法处理人际冲突，正确处理人际冲突应该做到：首先，对事不对人。在发生冲突或争执时，客观分析冲突的起因与双方对错，不将冲突扩大化。人际冲突的起因大部分是一些生活琐事，而且双方都要承担一定的责任，也很难分清谁对谁错，如果将冲突的起因归于某人，双方只会相互攻击从而激化冲突。其次，给情绪降温，做合理的让步。在发生人际冲突时，双方都处于一种应激状态下，在这种情绪状态下，很容易说出彼此中伤的话而造成无法挽回的局面。此时，做适度的让步不失为一种明智的选择，让步并不代表忍气吞声，把握好度也是一种智慧。最后，当时当地解决冲突。发生人际冲突时，很多人当时都会选择逃避，几次逃避之后，小问题会积攒成为大问题，此时再处理就是难上加难。所以直面问题，坦诚以待，立即处理，彼此说出自己的真实感受，一般都可顺利地解决冲突。

（五）在冲突后放松的技巧

在人际交往中，与他人发生冲突后的一段时间里，大多数人会有数小时或几天的烦恼不安，会不停地回想起冲突的种种细节，使人的精神处于恼怒、悲哀、沮丧等消极状态之中。因此，我们要在冲突后分析思考并从中得到有用的教益或经验教训，学会在冲突之后放松自己。以下是在冲突之后放松的三个方法。

1. 反思　在事后客观地思考冲突经历：为什么会这样？是不是错了？它如何能得以避免？有没有更好的方式？同时要激励自己，告诉自己当同样或类似的情形在未来发生时一定有能力可以处理得更好。

2. 遗忘　遗忘是人类在漫长的进化过程中形成的自我保护功能。现实中有很多的不完美，为了能继续快乐地生活下去，人们应该选择性遗忘一些痛苦的经历，将注意力放在自己感兴趣的事情上，做一些有意义的或自己喜欢的事情，忘却烦恼和不愉快。

3. 酬劳自己　积极寻找有价值的因素，可在精神上也可在物质上予以自我肯定、自我安慰、自我愉悦。对自己的表现表示祝贺，酬劳自己。如购物、旅游、运动、唱歌，为自己插上一瓶鲜花，做上一桌美食等。

三、人际关系的行为模式

一定的人际关系会表现出一定的人际行为模式，一方的行为会引起对方相应的行为反应。社会心理学家把这种心理现象称为"人际行为模式"。例如，你对别人热情，别人会对你友好；你对别人冷漠，别人就会对你疏远等。在现实中，有的护理人员对患者不尊重，说话刻薄，态度冷漠，并且总是抱怨患者对自己不尊重、不友好、不配合，却总是希望纠正患者对自己的态度和行为，而不是反省自己的行为，结果当然事与愿违。所以，当患者的行为和态度不符合护理人员的愿望时，最好的方法就是护理人员改变自己的态度和行为，把年纪大的患者看作是自己的长辈，把年龄与自己相仿的患者看作是自己的兄弟姐妹，热情诚恳、体贴入微。那样，患者的态度和行为就会相应的改变，就会对护理人员尊重、信任、感激等。

美国社会心理学家利瑞（T. Leary）研究了几千份人际关系报告，总结出了八种人际关系行为模式。

1. 由管理、指导、教育等行为，导致尊敬和服从等反应。
2. 由帮助、支持、同情等行为，导致信任和接受等反应。
3. 由赞同、合作、友谊等行为，导致协助和友好等反应。
4. 由尊敬、赞扬、求助等行为，导致劝导和帮助等反应。
5. 由怯懦、礼貌、服从等行为，导致骄傲和控制等反应。
6. 由反抗、怀疑、厌倦等行为，导致惩罚和拒绝等反应。
7. 由攻击、惩罚、责骂等行为，导致仇恨和反抗等反应。
8. 由夸张、拒绝、自炫等行为，导致不信任和自卑等反应。

从以上模式中可以看到，友好的行为可导致积极的反应，有利于人际关系的建立和发展；不友好的行为则导致消极的反应，不利于人际关系的建立和发展。这种人际行为模式只是一个粗略的归纳，但是，人的沟通行为是非常复杂的，因此，上述反应模式对人际关系的作用并不是绝对的。例如，具有良好人际关系的双方也难免出现不友好的行为；具有不良人际关系的双方，由于某种特殊需要，有时也可能表现出密切的行为关系。

现实生活中的人际关系受着多种因素制约，尤其受情境和个性特征的影响。人的行为是非常复杂的，很少是纯属某一种人际关系行为模式。如果熟悉和掌握人际行为的基本反应，就能在与他人的沟通中预测他人的反应，并采取相应的措施，改善相互间的人际关系。

第3节 构建和谐的人际关系

一、人际关系的建立和发展

人际关系是人与人在相互交往过程中所形成的心理关系，人与人交往关系包括亲属关系、朋友关系、学友（同学）关系、师生关系、雇佣关系、战友关系、同事及领导与被领导关系等。良好的人际关系的建立和发展需要经历四个阶段。

（一）人际关系定向阶段

对交往对象的注意，选择和初步沟通等心理活动。

（二）人际关系情感探索阶段

随着双方共同情感领域的发现，双方沟通也越来越广泛，自我暴露的深度与广度也逐渐增加。人们的话题仍避免触及别人私密性的领域，自我暴露也不涉及自己基本的方面。

（三）人际关系感情交流阶段

人际关系发展到这个阶段，双方关系的性质开始出现实质性变化，此时的人际关系的安全感已经确立，谈话也开始广泛涉及了自我许多方面，就有较深的情感卷入。

（四）人际关系稳定交往阶段

人们心理上的相容性会进一步增加，自我暴露也更加广泛深刻，可以允许对方进入自己高度私密性的个人领域，分享自己的生活空间和财产。

二、人际交往原则

建立、维持和发展人际关系的原则是指在这一过程中所必须遵循的基本的行为规范。一旦这些基本的行为规范被打破，不仅人际关系难以建立起来，即使已经建立起来的人际关系也无法正常地维持，也就更谈不上什么进一步发展人际关系了。这些基本行为规范是人际关系得以建立、维持和发展的基石。具体说来，这些行为规范包括平等原则、互惠互利原则、诚信原则和宽容原则。

（一）平等原则

平等交往原则是人际关系特别是良好人际关系建立的前提。在交往中只有以平等的姿态与人交往，不盛气凌人，不高人一等，给交往对象以充分的尊重，才有可能形成交往双方之间的心理相容，产生愉悦、满足的心境，促使交往的继续，使人际关系得以建立，乃至于建立良好的人际关系。

平等有很多种类型，有政治上的平等、法律上的平等、经济上的平等和人格上的平等。我们这里所讲的平等是指人格上的平等。无论人们生理是健康还是残缺、职业是"好"还是"坏"、地位是高还是低、财产是多还是少，人格上都是平等的。这就要求我们在交往中，一定要平等地对待他人，尊重他人的自尊心和感情。总之，交往必须平等，这是建立、维持和发展人际关系的一个重要原则。

（二）互惠互利原则

根据"代价—酬赏"理论我们知道，一个人在交往中付出了代价，他必然希望获得相应的报酬或报答。我们都有这样的体验，如果交往者只是一味地从对方那里索取，而没有奉献给对方什么，那么交往的对方就会感到"认知失调"，交往行为就会中止。互惠互利原则就是建立在这一理论基础之上的。

互惠互利包括三个方面：一是物质上的互利，即交往的一方付出了物质的"代价"，但他也从对方那里得到了物质的回报；二是精神上的互利，即交往双方在思想、情感等精神方面的交流是对等的；三是物质—精神上的互利，即交往的一方付出了物质的"代价"，而对方以精神方面的某些内容作为报答。如一方送给另一方物质上的礼物，而对方报答以友谊的增进。

人际关系的建立与改善，必须在双方互惠互利的基础上，相互满足彼此的利益与需要。如果一味地追求自己的利益而忽视了对方的利益，人际关系则无法建立，即使已经存在的人际关系也不能持久。

（三）诚信原则

诚信原则是现代市场经济中各行各业所呼唤的一个基本原则，也是人际关系建立、维持和发展所必须遵循的一个基本原则。"诚"，即真诚、诚实，在人际交往中以真情待人，说真话，不说假话，所谓"言必信"。这是人类追求的一个美德。"信"即讲信用。信用在现代社会中的运用十分广泛，特别是经贸关系中。如商业信用、消费信用等。在人际交往中，讲信用是指说到做到，实现自己的承诺，遵守自己的诺言。

在当今社会里，诚信的人受到人们的称赞和信任，而不诚信的人则受到人们的谴责。一个诚信的人能够以真情待人，能够言行一致、前后一致。因此，人们可以根据他的言论去判断他的行为，进行正常的交往。而一个不讲诚信的人，前后矛盾、表里不一，说一套做一套，人们无法判断这个人的行为趋势。对于这样的人，人们是无法与之进行正常的交往的。

需要进一步说明的是，诚信是相对于他人而言的，没有交往就无所谓诚信的问题。只有当人与人交往时才发生诚信的问题。人离不开交往，而交往同样离不开诚信。治国也好，理家也好，做生意也好，都需要遵循诚信的原则。

（四）宽容原则

宽容原则是人际交往中不可或缺的基本原则，是指在交往中容纳他人独特的性格、行为等，也是指宽容地对待他人在交往中出现的误解以及过失和所犯的错误。宽容是消除人际矛盾的有效途径之一。能够宽容他人的人才能得到别人的宽容，通过宽容他人达到相互宽容，就能获得更多的朋友，建立起更加密切的关系。

宽容是充满了自信的一种表现，是有坚定的意志、有明确的目标和理想而又心胸宽广的人对他人的谦让，是为了减少不必要的麻烦而团结更多的人的主动容忍。宽容也不是不讲原则，而是有着坚定的原则，同时又把原则性和灵活性有机地结合起来。

（五）相互原则

人际关系的基础是彼此间的相互重视与支持。任何个体都不会无缘无故地接纳他人。喜欢是有前提的，相互性就是前提，我们喜欢那些也喜欢我们的人。人际交往中的接近与疏远、喜欢与不喜欢是相互的。

三、人际关系的心理障碍及排除

在人际交往中，有些人的交友范围很广，有些人却形单影只，经常感到很孤独，这是怎么回事呢？有人因为胆小、自卑而不敢去交往，这是属于社交心理障碍。

(一) 常见的心理障碍

1. 自负　自负是自己过高地估计自己。人评价自己，要靠自我认知，有的人过高地评价自己，就表现为自负。产生原因主要是夸大自己的长处，自尊心特别强。这种人只关心个人的需要，强调自己的感受，在人际交往中表现为目中无人。

2. 忌妒　忌妒是一种微妙的情感，强烈而又隐蔽，自己对自己也不愿意承认，却又时不时地表现出来。忌妒是对与自己有联系的、而强过自己的人的一种不服、不悦、失落、仇视，甚至带有某种破坏性的危险情感，是通过把自己与他人进行对比，而产生的一种消极心态。西班牙作家赛万提斯指出："忌妒者总是用望远镜观察一切，在望远镜中，小物体变大，矮个子变成巨人，疑点变成事实。"当看到与自己有某种联系的人取得了比自己优越的地位或成绩，便产生一种忌恨心理；当对方面临或陷入灾难时，就隔岸观火，幸灾乐祸，甚至借助造谣、中伤、刁难、"穿小鞋"等手段贬低他人，安慰自己。

3. 多疑　多疑是指神经过敏、疑神疑鬼的消极心态。这是人际交往中的一种不好的心理品质，可以说是友谊之树的蠹虫。正如英国哲学家培根说的："多疑之心犹如蝙蝠，它总是在黄昏中起飞。这种心情是迷陷人的，又是乱人心智的。它能使你陷入迷惘，混淆敌友，从而破坏人的事业。"具有多疑心理的人，往往先在主观上设定他人对自己不满，然后在生活中寻找证据。这是一种狭隘的、片面的、缺乏根据的盲目想象。然而，多疑与猜疑不同。猜疑只是一般的怀疑，这种怀疑有可能毫无道理，纯粹是神经过敏所致，但也可能有一定道理并符合客观事实。

4. 自卑　与自负相反，自卑是指有的人过低地评价自己。美国心理学家的研究表明，儿童时期如果各项活动取得成绩而得到老师、家长及同伴的认可、支持和赞许，便会增强他们的自信心、求知欲，内心获得一种快乐和满足，就会养成一种勤奋好学的良好习惯；相反，他们会产生一种受挫感和自卑感。个体自卑感的形成主要是社会环境长期影响的结果。自卑的浅层感受是别人看不起自己，而深层的理解是自己看不起自己，即缺乏自信。

5. 干涉　心理学研究发现，人人需要一个不受侵犯的生活空间；同样，人人也需要有一个自我的心理空间。再亲密的朋友，也有个人的内心隐秘，有一个不愿向他人坦露的内心世界。有的人在相处中，偏偏喜欢询问、打听、传播他人的私事，这种人热衷于探听别人的情况，并不一定有什么实际目的，仅仅是以刺探别人隐私而沾沾自喜的低层次的心理满足而已。

6. 羞怯　羞怯是羞涩胆怯的意思，主要表现为紧张、难为情、脸红和退缩。羞怯是一种常见的心理现象，有关资料表明，只有5%的成年人确信自己从未感到羞怯，大约80%的人认为自己在儿童和青少年期感到过明显的羞怯。在人际交往中过分怕羞的人，由于过分约束自己的言行，不能或不充分地表达自己的思想和感情，从而阻碍了人际交往的深入发展。他们过度在意"自我形象"，唯恐言行有误，被他人耻笑，导致心理负担过重，作茧自缚，举步维艰，整日陷入紧张羞怯之中。最终，自己打败自己，影响工作和生活的质量。

造成人际交往心理障碍的原因是多方面的，主要包括：个性缺陷或人格障碍；缺乏社会经验，缺乏人际交往的经验，尤其是成功的经验；曾在以往的生活中受到过种种挫折；压抑情绪或受到错误思想观念的影响。

（二）心理障碍的排除及调试

克服人际交往心理障碍，改善人际关系，增进人际交往，是一个人生存和发展的必要条件，同时对心理健康起着重大作用。为此，针对人际交往障碍的原因，加强以下几方面调适，将有助于维护和发展良好的人际关系。

1. 改善个性品质，提升个人魅力　良好的人际关系，首先要有良好的个性特征。个性缺陷是导致人际交往心理障碍的背景因素或本质因素。为此，应培养热情、开朗、真诚、善良、宽容、尊重人、理解人、富有责任心、自强自立、乐于助人等一系列良好的个性品质。社会心理学家安德森通过研究，概括出在人际关系中最受人欢迎的八项人格特质，依次是诚实、正直、理解、忠诚、信用、聪明、胸怀宽广、深谋远虑。最不受欢迎的八项人格特质是撒谎、欺骗、卑鄙、残忍、不正直、不可依赖、不愉快、懦弱。因此，应当找出自己身上存在的有碍人际交往的个性品质，并改掉它，还要克服可能存在的交往心理障碍，如以自我为中心、多疑、害羞、孤僻、自卑、嫉妒和交往恐怖症等。另一方面，要努力增加自己身上的闪光点，积极培养自己良好的个性品质。

2. 调整知觉认识，摒弃心理偏见　认识是刺激与反应的中介。在人际交往中，人们会利用多种可能的信息来形成对他人的印象，乃致做出人格上的判断，并据此提出相应人际关系的假设。这种人际知觉会对交往行为和交往过程产生自觉或不自觉的影响。然而，人际知觉中的习惯性错误经常存在，从而给人际交往带来不同程度的障碍。因此，必须克服知觉在人际关系中的偏见及可能造成的知觉心理偏见，进一步改善人际关系。对人际关系有一种积极的、全面的、善意的认识是良好交往的基础。应该调整认知结构，加强思想修养，发展集体观念，学会全面、辩证地认识问题。

3. 学习社会交往技能，提升交际能力　处理人际关系是一种能力、技术，可通过学习和训练来培养、提高。学习交往技能要注意以下几点：诚恳、热情，同等对待，对人要诚心诚意、关心体贴，不要阿谀奉承或冷冷冰冰；保持善意的幽默感，切勿挖苦、讽刺或贬低别人；与人交谈时，要认真倾听别人的谈话，眼睛注视对方，待对方讲完再发表自己的看法；讲信用，说话算数，不说谎话，言而有信；不卑不亢、自尊自爱，不丧失人的尊严，也不自命清高。

4. 掌握心理调节方法，克服心理交往障碍　运用心理学、行为学、语言学等理论和技术，可克服并矫正人际关系交往中的恐惧、紧张、焦虑、抑郁、自卑等一系列心理障碍。

总之，人际关系心理健康并不仅仅是为了减少人际关系的矛盾和障碍，更重要的是为了充分地发挥人际交往的积极功能，实现人的全面发展和提高。

四、建立良好人际关系的策略

人际关系在中国人的社会生活中，具有特别的重要性。行为失调，尚可挽正；人际失谐，百事难成。只有以良好和谐的人际关系为基点，才能协调各种社会关系，化解各种现实矛盾，促进个体素质的提高和全面发展，建设健康和谐的美好社会。因而，我们应该充分认识人际关系的作用，掌握一定的技巧，不断改善人际关系，努力建立良好的第一印象。第一印象是两个素不相识的人第一次见面所形成的印象，主要是获得对方的表情、姿态、身材、仪表、年龄等方面的印象。这种初次印象往往是以后交往的基础。我们常说:"良好的开端是成功的一半。"第一印象是交往的开端,对整个交往过程有着重要影响。那么,我们怎样才能通过自己的努力,使我们在同他人发生交往的初始,就给别人留下一个良好的第一印象呢?

(一)要注重仪表

如果你认为你的不修边幅就是一种美的话,那么你的"美"在今天及未来的时代里将会成为一种被淘汰的"美"。不妨现在就着力地收拾一下你的头和脸,修饰一下你的衣着,不要以一副邋遢相示人,要学会展示你的仪容仪表。其次,要注意谈吐。要尽量使用准确的语义、逻辑的力量、有趣的内容等使语言充满魅力。再次,要注意行为举止,一个人的举止表现其临场的情绪状态和对人的态度。男子的举止要讲究潇洒、刚强,女子的举止要优雅、大方。

(二)提高性格在人际吸引中的魅力

良好的个性特征对建立良好的人际关系具有非常重要的作用。在人际交往中,真诚、友善、热情、开朗、幽默等个人品质能促使人们喜爱、仰慕和渴望接近。因此,作为未来的白衣天使应该努力改变自己性格中的弱点,如沉闷、孤僻、虚伪、自私、粗暴、忌妒等。不断形成良好的、健康的个性特征,增加性格在人际吸引中的魅力。

(三)善于换位思考

这对于建立良好的人际关系很重要。如果我们经常站在对方的角度去理解、去处理问题,常常这样想"我在他的位置上,我会怎么做?"那么,一切就会变得简单多了,你就会成为一个善于发现他人价值、懂得尊重他人、愿意信任他人的人,就能容忍他人有不同的观点和行为,就能不斤斤计较他人的过失,并在可能的范围内提供帮助而不是指责。

(四)掌握人际冲突的化解途径

在现实生活中,人际冲突是难免的。我们大可不必视人际冲突为洪水猛兽。只要处理得当,就不会给人际关系造成太大的伤害。为了有效控制和消除人际冲突,我们需要掌握以下解决冲突的有效步骤。

1. 相信一切冲突都可以理性而建设性地获得解决。
2. 具体地描述冲突。
3. 客观地分析冲突的原因。
4. 向别人核对自己有关冲突的观念是否客观。
5. 提出可能的解决冲突的方案。
6. 对提出的办法逐一进行评价,筛选出最佳的解决途径,最佳方案需对双方都有益。
7. 尝试使用所选的最佳方案。
8. 评估实现最佳方案的实际效应。

针对近年来医疗环境的复杂化,广大医务人员有必要掌握一些建立良好人际关系的策略,掌握一些化解冲突的技巧,积极沟通,真诚地与患者及其家属进行交流,可避免许多不必要的纠纷和冲突,建立更加和谐的医患关系。

自测题

A_1/A_2 型题

1. 交往过程中，人们在心理上所形成的一种关系是（ ）
   A. 人际距离　　　B. 人际认知
   C. 人际关系　　　D. 社会关系
   E. 人际沟通

2. "一好百好，一坏百坏"指的是（ ）
   A. 晕轮效应　　　B. 首因效应
   C. 刻板印象　　　D. 近因效应
   E. 认知偏差

3. 在社会认知过程中，最近出现的信息对于印象形成具有重要作用，是指（ ）
   A. 光环效应　　　B. 首因效应
   C. 刻板印象　　　D. 近因效应
   E. 投射效应

4. "远亲不如近邻"说的是什么因素对人际吸引的影响（ ）
   A. 相互性　　　　B. 相似性
   C. 互补性　　　　D. 距离远近
   E. 情感因素

5. 男性患者，45岁，胃溃疡，明天即将做胃大部切除术，患者希望责任护士与他交谈的话题应以术前程序为主，体现了人际关系的（ ）
   A. 复杂性　　　　B. 多重性
   C. 目的性　　　　D. 多变性
   E. 社会性

6. 患者刚走进住院病房时，张护士赶紧走上去迎接，并面带微笑，语气和蔼地说："您好！请问需要什么帮助吗？"张护士给患者产生的良好印象是因为（ ）
   A. 刻板印象　　　B. 首因效应
   C. 光环效应　　　D. 近因效应
   E. 投射效应

（胡春榜）

第3章 护理工作中的人际关系

沟通是建立人际关系的起点，是改善和发展人际关系的重要手段。离开了人际沟通的行为，人际关系就不能建立和发展。护士作为与患者接触最多的医务人员，科学地建立和调节好各种护理人际关系，是做好护士工作的需要。良好的护理人际关系在护理工作中起着极其重要的作用，它不仅有利于提高护理工作的质量和效率，更关系着医院的建设和发展。

护理工作中的人际关系是指与护理工作有直接联系的人与人之间的关系，主要包括护士与患者之间的关系、护士与患者家属之间的关系、护士与医生之间的关系、护士与护士之间的关系及护士与其他工作人员之间的关系等。

第1节 护士与患者的关系

案例 3-1 护士小张端着治疗盘刚到护士站，正好看到一位带气管套管的患者正在医院的处方上涂涂画画。出于对处方管理的责任感，小张急忙将患者手中的处方拿走。结果导致该患者的不理解，情绪激动，甚至用文字辱骂小张。护理工作经验丰富的小王见状，连忙将小张推开，耐心而礼貌地安抚患者说："对不起　请您不要着急，您有什么问题我们一定尽力帮助解决。"患者很生气地在纸上写道："处方不是我自己拿的，是门诊的一位医生交代事项时顺便给了几张，我用它写字又有什么关系？"小王把患者带到诊察室，请患者坐下，并为患者倒了一杯水。稍微停顿了一会儿，见患者已经安静下来，小王开始向患者解释："您可能不知道，医院对处方的使用范围有严格的管理要求，处方是不能随便作其他的用途……"患者写道："我现在是手术后暂时不能讲话，只能写字。而原来买的写字板又太大，不方便随身携带。"小王立刻意识到护士小张在收回处方时解释不够，不了解患者为什么要拿处方私用。连忙道歉："是我们工作做得不细致，没有考虑到您的困难，请您谅解！"说完马上到护士办公室拿了一个专供患者进行书写交流的小木子交给患者。患者很感动，写道："谢谢你帮助我！刚才我的态度不好，情绪太激动了，希望你们不要放在心上。"小王会心一笑"没关系！只要您能够满意我们就放心了。以后您如有什么困难请随时找我们，我们一定会尽力帮助您的。"

问题：1. 患者为什么会跟护士小张吵架？错在谁？
2. 护士小王的做法对吗？为什么？

一、护患关系的性质与特点

护患关系指的是护理人员与患者之间的关系沟通，是护理人员职业生活中最重要的人际关系。是护理人员与患者为了治疗的共同目标而建立起来的一种特殊的工作性、专业性和帮助性的人际关系。和谐的护患关系是良好的护士人际关系的核心，是做好一切护理工作的前提和关键。它既可以帮助患者获得一种良好的社会心理支持，也有利于护理工作的顺利进行和护理质量的提高。

护患关系有以下特点。

(一)护患关系是帮助系统与被帮助系统的关系

护理人员和患者之间通过护理活动所形成的是一种帮助和被帮助的人际关系。帮助系统包括医生、护士及其他医务人员,他们是具有专业知识、专业技能的特殊人群,他们能够为患者提供帮助,属于帮助系统;而患者及其家属等由于自身的局限性,需要得到医疗护理服务,属于被帮助系统。在帮助与被帮助两个系统中,护士与患者的关系不是某一个护士与某一个患者两人的关系,而是两个系统之间关系的体现。

(二)护患关系是一种专业性的互动关系

护士是掌握一定医学护理专业知识和技能的专业人员,是健康服务的直接参与者。护患关系不是护士与患者之间简单相遇的关系,而是护患之间相互影响、相互作用的专业性互动关系。由于护患双方都有各自的成长背景,不同的生活阅历、情感遭遇、文化水平、个性特征等,对健康与疾病也有不同的看法,因此会不可避免地出现不同程度的认知差异,这在一定程度上会对护患关系产生直接的影响,从而影响护患之间的沟通及护患关系的建立与发展。

(三)护患关系是一种治疗性的工作关系

护患关系是护理工作的需要,是一种目标明确、需要谨慎执行和认真促成的关系,护士与患者之间的人际交往是一种职业行为,具有一定的强制性。护士作为一个专业的帮助者,必须以患者的健康为中心,以解决患者的护理问题为目的,制订积极有效的护理计划和措施来满足患者的基本需要。良好的治疗性关系能有效地减轻或消除来自疾病、环境和诊疗过程中对患者形成的压力,有利于疾病的康复。

(四)护士是护患关系后果的主要责任承担者

在护患关系中,护士通过专业知识和技能为患者提供服务,处于护患关系的主导地位,护士的行为及其提供的护理质量在很大程度上决定着护患关系的后果。也就是说护士的行为可能使双方关系健康发展,患者战胜疾病,逐渐康复;也有可能向消极方面进展,使患者病情恶化,护患关系紧张。因此,护士应坚持"以患者为中心"的原则,尽力争取积极健康的效果,避免出现消极的、不利于患者健康的后果。

(五)护患关系的实质是满足患者的需要

护士通过提供护理服务满足患者需要是护患关系区别于一般人际关系的重要内容。患者的需要和护士如何满足需要构成了护患关系的基础。护患关系的中心是患者的健康和病情,一切护理活动都必须以解决服务对象的健康问题为出发点和归宿。

(考点:护患关系的特点)

二、护患关系的基本模式

1976年,美国学者萨斯和荷伦德提出医务人员与患者关系中存在三种不同的医患关系模式(表3-1),即萨斯-荷伦德模式,这种模式同样也适用于护患关系。

表3-1 护患关系的三种基本模式

基本模式	模式原型	护士的作用	患者的作用	适用范围
"主动-被动"型(纯护理型)	父母-婴儿	护士为患者做治疗	被动接受	婴幼儿、意识丧失的患者(如全身麻醉、昏迷)、危重、休克、痴呆及某些精神病患者等

续表

基本模式	模式原型	护士的作用	患者的作用	适用范围
"指导-合作"型（指引型）	父母-儿童	护士告诉患者应该做什么和怎么做	主动配合	一般患者，特别是急性患者和外科手术后恢复期的患者
"共同参与"型（自护型）	成人-成人	护士积极协助患者进行自我恢复	平等合作	患慢性疾病及恢复期患者

（一）主动-被动型模式（active-passive mode）（纯护理型）

亦称支配服从型模式，最古老的护患关系模式。此模式受传统生物学模式的影响，将患者视为简单的生物体，忽视了人的心理、社会属性，将治疗疾病的重点放在药物治疗和手术治疗方面。护理人员处于主导地位，把自己的处置意见施加于患者，要求患者绝对服从，患者处于被动接受护理的从属地位。此模式的特点是"护士为患者做治疗"，模式关系的原型为"母亲与婴儿"的关系。此模式过分强调护士的权威性，忽略了患者的主动性，因而不能取得患者的主动配合，严重影响护理效果，甚至使许多可以避免的差错事故得不到及时纠正与补救。

在临床护理工作中，此模式主要适用于意识丧失（如全身麻醉、昏迷）、婴幼儿、休克、危重、痴呆及某些精神病患者。此类患者部分或完全失去了正常的思维能力，对于这类全依赖型的患者，护士要加强责任心，勤巡视。

（二）指导-合作型模式（guidance-cooperation mode）（指引型）

这是目前护患关系的主要模式。此模式将患者视为具有生物、心理、社会属性的有机整体。此模式的特点是"护士告诉患者应该做什么和怎么做"，模式关系的原型为"母亲与儿童"的关系。在此模式中，护患双方都具有主动性，但护士的权威性仍是决定性的。护理工作主要以执行护士的意志为基础，患者可以向护士提供有关自己疾病的信息，同时可根据自己对护士的信任程度有选择地接受护士的指导，并提出自己的要求和意见，加以合作。

在临床护理工作中，此模式适用于大多数有自主意识的患者，尤其是急性患者和外科手术后恢复期的患者。

（三）共同参与型模式（mutual participation mode）：（自护型）

此模式是一种双向、平等、新型的护患关系模式，是责任制护理、整体护理的核心模式。此模式的特点是"护士积极协助患者进行自我恢复"，模式关系的原型是"成人-成人"。在这种模式中护患双方是平等的，护患双方共同参与决策和治疗护理过程。双方相互尊重协商，共同分担风险，共享护理成果，在这种模式中护患双方对护理目标、方法及结果都较为满意。在临床护理工作中，此模式主要适用于慢性疾病患者和受过良好教育的患者，他们对自身的健康状况比较了解，把自己看作战胜疾病的主体，有强烈的参与意识。值得注意的是，强调患者的参与并不是把本应由护理人员完成的工作交给患者或患者家属去完成，而是让患者参与到疾病治疗和护理中，发挥自己的主动性，这更有利于患者树立信心，配合治疗，使患者在功能受限的情况下有较高的生活质量。

在实际医疗护理活动中，护理人员和患者建立什么样的护患关系，不仅取决于患者所患疾病的性质，而且还必须要考虑患者的个性特征、文化水平等因素。护理人员同患者之间的护患关系不是固定不变的。应根据患者的具体情况、患病的不同阶段及护理愿望，选择适宜的护患关系模式。充分发挥患者的主动性和能动性，以达到满足患者需要、提高护理水平、确保护理服务质量的目的。

（考点：护患关系的三种模式）

三、护患关系的发展过程

护患关系是一种以患者康复为目的的特殊的人际关系，它的建立和发展并不是护患之间相互吸引的结果，而是护理人员出于工作的需要，患者因为需要接受护理而建立起来的一种具有工作性质的帮助关系。因此，护患关系的建立既遵循了一般的人际关系建立的规律，又与一般的人际关系的建立及发展过程有一定的区别。患者从入院开始到康复出院是护患关系建立和终止的过程，在护理活动中，护患关系的发展是动态发展的过程。良好护患关系的建立与发展一般分为以下三个阶段。

（一）开始期

又称熟悉期，是护士与患者的初识阶段，护患双方从互不相识的陌生人通过自我介绍到相识，经过交流再到互相熟悉。此期的工作重点是建立信任关系，确认患者的需要。护士在这阶段主要任务是收集资料，了解患者的情况，发现患者身上存在的护理问题，制订相应的护理计划。在沟通中，护理人员要表现出爱心、热心、耐心、细心、责任心和同情心，让服务对象了解自己，信任自己，为开展护理工作奠定较好的基础。

（二）工作期

这是护患关系中最重要的阶段，是护士完成各项护理工作、患者接受治疗护理的最主要阶段，时间跨度相对较长。在这一阶段，护理人员高尚的医德、精湛的护理技能、热情耐心的服务态度是建立良好护患关系的基础。在这一阶段，护患关系会产生波动，可能会发生矛盾冲突和争执，当遇到一些不和谐的情况时，护士要高度重视并及时解决出现的各种问题。对患者提出的不合理要求、违背医院规定和治疗护理原则的行为，要做出耐心的解释和劝导，并尽可能满足患者的正当要求，及时改进护理工作中的不足，建立和谐的护患关系。总之，此阶段的护患关系对患者恢复健康关系甚大，必须特别重视。

（三）结束期

这是护患关系的终结阶段，通常情况下是最为融洽、和谐的阶段。经过治疗和护理，患者病情好转或基本恢复健康，护理目标已经实现，护患关系也进入了结束阶段。本期的工作重点是护患共同评价护理目标的完成情况，预计护患关系结束后患者可能面临的新问题，协助患者制定对策以解决这些问题，同时妥善处理护患双方已经建立的情感，顺利结束关系。一般说来，这一阶段的护患关系沟通一般比较简单顺利，但是应当引起注意的是，护患双方在这一阶段都不能因病情好转或治疗成功而放松警惕，一些病情出现反复也可能在此期发生。

四、影响护患关系的主要因素

在医疗护理实践中，护士和患者接触得最多，来往也最密切，所以发生冲突的概率也最大。因此护士应了解并认真分析影响护患关系的原因，在工作中防微杜渐，尽可能避免冲突的发生，使护患关系健康发展。

（一）信任危机

信任感的建立是搞好护患关系的前提和基础。护理人员认真负责的工作精神、热情周到的服务态度、扎实的专业知识和娴熟精湛的操作技术是赢得患者信任的重要保证。在工作中，如果护士不尊重患者，对待患者态度冷漠；工作不认真，出现操作上失误、差错；缺乏沟通技巧，都会失去患者的信任，而这将严重影响护患关系的建立和发展。护患信任关系的建立不仅有利于护士工作的顺利进行，还可以更好地满足患者的治疗性护理需要。

（二）角色模糊

不论是护士还是患者，都有各自特定的角色功能，都应该清楚自身角色的行为规范及别人对自己的角色期望。只有角色群体中的每个人都明确自己所承担的角色功能，并努力按这个角色的功能特征去行动，才能使自己的行为与人们的期望相一致，否则就会出现角色模糊。角色模糊是指个体对自己所承担的角色行为标准认识不清或缺乏真正的理解所出现的状态。角色模糊会引起人际关系紧张，影响沟通。

随着医学模式的转变和整体护理模式的推广，护士的角色功能正在向更广阔的方面发展。若护士不能充分认识自己的多重角色和专业职责，仍然坚持传统的护理观，认为护士仅仅是机械地执行医嘱和单纯地完成治疗工作，而不主动了解患者的身心和社会需要，不主动为患者提供各种帮助，就会产生护士角色模糊的情况。而患者因为病痛会使行为模式发生部分改变。如过多地关注自己的身体状况、高度的以自我为中心、过分地依赖他人等，完全不清楚自己的权利和义务，把自己当作被动的求助者，不清楚自己该做什么不该做什么，不主动参与和配合医疗护理，不服从管理，提出不合理的要求等，均可能导致护患沟通障碍，护患关系紧张。

（三）责任不明

责任不明与角色模糊关系密切。实际上，护患关系的众多矛盾都是因护患双方不能正确认识自己所承担的责任和义务而产生的。护患关系的责任不明主要表现在两个方面：一是由谁来承担患者的健康问题，二是由谁来负责患者的健康状况。这两个问题都会影响到护患关系。有的护士认为由心理、社会因素和患者个人不良行为引起的健康问题，医护人员不需要负责任。而有些患者错误地认为疾病的治疗、护理和康复等问题都是医护人员的事，跟自己的不良的生活方式、心理状态和社会因素毫不相干，不知道自己对自身的健康状况承担什么责任，忽略了自己应承担的责任。

（四）权益影响

作为患者来说，寻求安全、优质的健康服务是他们的正当权益。但是，由于绝大多数患者缺乏医学专业知识，加上疾病的折磨，导致失去了部分或全部自理能力和控制能力，被迫借助医护人员的帮助来维护自己的权益。而护士处于护患关系的主导地位，在处理护患双方的权益争议时，很容易倾向于医护人员的自身利益和医院的权益，忽略了患者的利益。

（五）理解差异

由于护患双方的文化教育程度、年龄、职业、个性生活环境等不同，使护患双方对信息的理解存在差异。当护患双方对于信息的理解不一致时，要进行有效的沟通是困难的。造成这种差异的原因主要有三方面：一是护士过多地使用医学专业术语，使患者难以理解，比如"探查、灌肠"等。二是医护人员的语言过于简单，表述不清，如术后的患者询问护士何时可以进食，护士说"放屁"。患者听后很生气，觉得护士是在侮辱自己，实际上护士是说要放了屁才可以吃东西，但因为说得过于简单从而造成患者的误会。三是护士语言表达与患者理解的不一致，如在恶性肿瘤的治疗护理中，"预后好"这个词，对医护人员来说，是指存活的时间，但对患者来说，却认为自己的病情很严重，恶化了，从而焦虑悲观。这种理解上的差异，会影响护患之间的有效沟通，影响护患关系的正常发展。

（考点：影响护患关系的因素）

五、护士在促进护患关系中的作用

（一）明确护士的角色功能

在护患关系及其沟通中，护士首先要对自己的角色功能有一个全面而充分的认识。只有很好地履行自己的角色责任和工作职责，才能使自己的言行表现符合患者对自己的角色期待。一个合格的护士必须忠于职守，并具有高度的责任感，在无任何监督的情况下，自觉地维护职业准则，落实岗位职责；一个合格的护士必须有良好的情绪调节与自控能力，维持健康的心理状态，用积极向上的心境感染患者，教育患者；一个合格的护士必须具有良好的人际沟通能力，通过双方良好的沟通交流，增加彼此的了解及信任，促进护患关系的发展；一个合格的护士应具有爱心、同情心，以真诚的态度对待每一位患者，让他们感到温暖和得到支持，从而愿意接受帮助；一个合格的护士要树立终身学习的理念，不断汲取新理论、新知识、新技能，不断提高自身素质，不断提高护理水平，全面满足患者的心理、生理、社会的需求。

> **知识链接**
>
> **患者对护士的角色期待**
> 1. 有爱心、耐心和高度的责任心。
> 2. 尊重患者的人格尊严，不损伤患者的自尊。
> 3. 能以真诚的态度对待患者及家属。
> 4. 经常面带微笑。
> 5. 从患者的利益出发，为患者着想。
> 6. 当患者需要时，能及时给予关心与支持。
> 7. 有熟练的护理技术操作能力。
> 8. 能有效地将患者的问题准确地传达给医生。
> 9. 对患者的问题能耐心倾听，并认真适当地答复。

（二）帮助患者认识角色特征

护士应根据患者的病情、年龄、文化程度、职业、个性等特点，了解患者对"新角色"的认识，分析影响患者角色适应的因素，努力帮助患者尽快适应患者角色。患者角色模式类型包括以下几种。

1. **角色行为强化**　是临床比较常见的一种角色适应障碍。指个体进入患者角色后，因过度认同疾病状态而使其需要患者角色向日常角色转化时，仍然沉溺于患者角色，对康复后回归原社会角色没有信心，对自我能力表示怀疑的现象。如一些患者痊愈出院后，却认为自己还在生病，一直请病假而不愿意上班。

2. **角色行为缺失**　指患者意识不到或不愿承认自己是患者，对自己疾病的严重程度过于忽视，拒绝对患者角色的认同，有的患者病还没好就急于脱离患者身份。比如《讳疾忌医》里的蔡桓公就是这种类型的人。

3. **角色行为冲突**　患者角色与其他角色发生心理冲突。同一个体常常承担着多种社会角色。当患病并需要从其他角色转化为患者角色时，患者一时难以实现角色适应。

4. **角色行为减退**　指个体进入患者角色后因其他角色冲击患者角色，迫使其患者角色淡化，从事了不应承担的活动，表现出对病、伤的考虑不充分或不够重视，而影响到疾病的治疗。

如一位尚需继续医治的教师，由于学生需要老师授课而毅然出院，担负起教学日常工作。

5. 患者角色恐惧　指患者以消极疾病认知夸大其疾病严重后果，对疾病预后悲观，疾病治疗过程中常出现担心、害怕等负性情绪反应的现象。如有的患者过于紧张，处处小心翼翼，对其"病感"高度警觉，惊恐不安。

（三）主动维护患者的合法权益

维护患者的合法权益是护士义不容辞的责任，护士应给予高度重视，主动维护患者的合法权益。患者角色的权利有以下几方面。

1. 享有平等医疗的权利　患者不分性别、年龄、职务、社会地位、经济状况、国籍、民族和病情轻重，都享有平等地接受医疗护理的权利。医护人员不得以任何借口拒绝或推诿患者就医或急慢护理患者。

2. 知情、同意的权利　患者有权了解有关自己疾病的所有信息，包括自己所患疾病的诊断、严重程度、治疗情况、措施、预后情况都有权得到详细和足够的信息。同时，患者有权在知情的基础上，对治疗、护理、检查等服务做出接受或拒绝的决定。

3. 隐私保密的权利　患者在医疗过程中，有权要求护士对其在治疗、护理过程中涉及到的个人的各种秘密或隐私进行保密。

4. 免除一定社会责任的权利　患者生病住院并获得医院开具的相关疾病证明后，可根据其病情的严重程度、性质、预后等情况，暂时或长期地免除其社会责任、职业、家庭角色所必须承担的职责和义务的权利。如患者在患病期间可以休病假，暂时不上班等。

5. 督促医护权益实现的权利　患者有权监督医院对其实施医疗、护理工作。如果正常要求得不到满足，或是由于医疗机构及工作人员的不当行为而使患者受到不必要的损害，患者有权要求赔偿并追究有关人员的责任。但必须通过法律的正当途径来获取合理的赔偿，不能采用非法形式扰乱医疗机构的正常医疗秩序。

> **知识链接**
>
> 《执业医师法》第 26 条：医师应当如实向患者或其家属介绍病情，但应注意避免对患者产生不利后果。
>
> 《医疗事故处理条例》第 11 条：在医疗活动中，医疗机构及医务人员应当将患者的病情、医疗措施、医疗风险等如实告知患者，及时解答其咨询，但是应当避免对患者产生不利后果。

（四）减轻或消除护患之间的理解分歧

当护患双方对于信息的理解不一致时，就容易产生沟通上的冲突，从而容易造成对护患关系的损害。因此护士在与患者沟通时，应注意尽量少地使用专业术语，沟通语言要通俗易懂，内容要有针对性，准确且没有歧义。根据患者的特点，选择适宜的沟通方式和语言；应创造平等交流的气氛，鼓励患者对不理解的问题及时提问，以确保沟通的效果。

第 2 节　护士与患者家属的关系

在护理工作中，护理人员不仅要与患者建立良好的护患关系，还应与患者家属保持良好的关系。患者家属是沟通和联络患者感情、调整护患关系的纽带，特别是针对一些特殊患者，如婴幼儿、神志不清、昏迷不醒、精神病患者等，护士与患者家属保持良好的关系尤为重要，护士要重视与患者家属的关系沟通。

小美是一名刚刚工作一年的儿科护士,每天单调、重复的工作,患儿的哭声,家长的抱怨声把她初入职时的激情消耗殆尽。

一天,当一位患儿家长第二次要求更换床单时,她忍不住发了句牢骚:"不是提醒过你了吗?咋又让孩子尿床上了,我们忙得要死,床单都不够用了。"听到此话,家长不高兴了:"床单不够用是你们的事,今天你要不给我换,我就去投诉你。"小美也不甘示弱:"爱去哪投诉就去哪,这工作我还真不想干了!"说完摔门而去。家长怒气冲冲地找到护士长:"看你们护士这是啥态度,工作不好好干,在这里给谁摆脸色看呢!"护士长忙把家长请进办公室,劝家长坐下来慢慢说。得知家长因更换床单和护士发生纠纷,护士长笑着劝说道:"这几天您日夜忙于带孩子,确实很辛苦。但是为了孩子,再辛苦也是值得的,孩子小,不懂事,需要大人多操心,您说是不是呀!""谁说不是呢!这几天的工夫,我们累得够呛。说实话,孩子尿床上,给你们增加工作,我们也感觉很不好意思。""您安心带孩子吧!我马上找人去更换床单。""如果刚才那护士能像你一样说话,我还发什么火。"患儿家长转怒为笑。

问题:1. 引起小美和患儿家长沟通起冲突的根本原因是什么?
2. 我们应当如何与患者及其家属沟通?

一、影响护士与患者家属关系的主要因素

在护理过程中,护理人员与患者家属频繁接触,有时会出现一些矛盾和冲突,从而影响双方的关系。影响护理人员与患者家属关系的因素主要有以下几点。

(一)角色理解欠缺

护士与患者家属之间缺乏相互理解,很容易产生矛盾冲突。由于我国医疗机构中护士普遍缺编,临床护士不足,护理任务繁重,护士长期处于超负荷工作状态,且因医学的局限性,护士不可能为患者解决所有的问题。由于很多患者家属不了解护理工作特点,不理解护士工作的难处,护士的工作稍有耽搁,就会埋怨、指责甚至殴打护士。另一方面,有少数护士,年轻气盛,不能体会到家中有人患病时家属的心情和难处,不善于移情。再由于长期处于权威性的帮助者地位,养成了较强的优越感,缺乏沟通技巧,甚至对患者或其家属流露出厌烦的情绪,因而与患者家属产生矛盾冲突。

(二)角色责任模糊

患者家属是护士的助手,两者应共同为患者的健康负责。但有些家属对自己的角色责任认识不清,认为患者住院,交纳了住院费用,医院就应为患者承担全部责任,包括治疗、护理和一切生活照顾,而把自己摆在旁观者和监督者的位置,不主动承担对患者的照顾责任,当要求家属配合或协助时,便产生不满情绪。为患者提供优质的护理服务,满足患者的需求本来就是护士的基本职责,但有些护士认识却不足。她们把本应由自己完成的工作交给患者家属去做。一旦出现护理差错或事故,则把责任推给家属,这是引起护士与家属矛盾冲突的主要原因。

(三)角色期望冲突

护士被人们誉为"白衣天使",护士的形象也被人们理想化。他们认为护士应该有求必应,有问必答,百问不厌,操作无懈可击,能为患者解决一切健康问题。他们常用这种理想化的标准来衡量现实中的每一位护士。当个别护士的某些行为达不到他们的期许时,或患者的健康问题通过护理手段不能完全解决时,就会对护士产生不满或抱怨,从而导致护士与患者家属之间

的矛盾冲突。

（四）经济压力过重

随着新的诊疗技术的推广应用和新药的不断开发使用，医疗费用不断提高，巨额的医疗费成为患者家属沉重的包袱。护理人员可能因为催款与患者家属发生冲突。尤其是当某些患者花费了高昂的医疗费用，而治疗效果不明显，甚至恶化时，患者家属往往难以接受，因此而产生不满情绪。这种不满常常会因为护理工作中的微小欠缺而爆发出来，引起患者家属与护士之间的矛盾，影响双方关系的正常发展。

二、护士在促进护士与患者家属关系中的作用

护士与患者家属的关系，是护患关系的一种延伸，是团结合作共同为患者康复奋斗的关系，护士在其中发挥着主导性的作用。

（一）护士应对患者家属热情关怀

主动介绍医院、科室环境。医护人员医疗水平、家属陪护探视制度及患者病情、治疗措施及预后，让他们对医院情况及患者的病情做到心中有数，从而产生安全感和信任感，以减轻其焦虑紧张情绪。

（二）护士应积极指导患者家属参与到对患者的治疗和护理中

护士应根据自己的专业知识耐心地解答患者家属提出的有关患者的病情、护理方法、措施、预后等各种问题，鼓励患者家属共同参与患者的治疗和护理中，通过相互沟通，既增加了患者家属对护理人员的信任，又可让家属做好患者的心理护理工作，以促进护患关系的协调融洽。

（三）护士应给予患者家属帮助

护士通过与患者家属的沟通，了解患者家庭的基本情况，评估患者患病对家庭带来的影响，针对该家庭面临的困难，与家属商讨解决问题的办法，并提供必要的帮助。

（四）护士应及时向家属通报病情，有效指导

患者家属大多为非医疗人员，对医学知识的缺乏及对患者病情的担忧，会促使他们多次、反复地向护士询问，表现出急躁、不冷静，甚至容易与人发生争执和冲突。护理人员需冷静应对，随时向患者家属通报病情，耐心解答，详细解释，有效指导。

第 3 节 护士与医生的关系

案例 3-3 急性胃炎患者，夜班时述恶心、呕吐，值班大夫张医生懒于起床，口头医嘱护士注射爱茂尔，护士小丽拒绝执行，坚决要求医生起床下达书面医嘱。张医生非常不高兴，嫌小丽事多，说和别的护士搭班都是早上起来补医嘱。小丽不肯，说："护士长多次告诫我们非抢救情况不能执行口头医嘱，我不管别人怎么样，反正我不会执行口头医嘱。"值班医生无奈，起床书写了医嘱。

问题：1. 小丽这样做对吗？为什么？
2. 如果你是护士小丽，你会怎么做？

医学是群体科学。在健康服务群体中，护士与医生的关系最为密切。医护双方在工作上是合作伙伴的关系，既相互独立又相互补充，虽然他们的工作性质及职责并不相同，但是他们最

终的工作目标是一致的,那就是使患者达到最佳的健康状态。

一、影响医护关系的主要因素

医生和护士在合作的过程中会因为一些特殊原因产生矛盾冲突,从而影响医护关系。主要因素包括以下四个方面。

(一)角色压力过重

医生和护士在为患者提供健康服务的过程中职责不同,并有自己独立的角色功能,缺一不可。如果分工合理,医护之间的关系很容易协调。否则可能会造成护士的心理失衡和角色压力过重。面对不断增加的角色压力,护士的心理和情感变得紧张、脆弱、易怒,冲突一触即发,即使是一点小事也可能发生争执和矛盾,从而导致医护之间关系紧张。

(二)角色心理差位

一方面由于长期以来受传统的主导——从属型医护关系模式的影响,部分护士工作缺乏主动性,容易对医生产生依赖和服从心理,只知道机械地执行医嘱,不能主动、独立地为患者解决问题。而另一方面,随着护理学科的发展和护理教育水平的提高,一些高学历的护士在临床护理过程中,过分强调护理专业的独立性和自主性,不愿配合医生工作。还有一些资历老、临床经验丰富的年长护士因为临床经验丰富,在工作中对资历浅的年轻医生不尊重、不配合等现象也频发。以上这些情况都可能影响医护之间的正常互动。

(三)角色权利争议

在医疗救护过程中,医生、护士按照各自的职责范围行使自己的自主权,但有时会因为对工作职责和权利义务的认识上无法达到一致或是沟通不及时而引发矛盾。如医生认为开医嘱是医生的事,医生会对此负责,护士只负责执行医嘱,医生的权威性毋庸置疑;而护士则认为自己有权利和义务更正医生错误的医嘱,这也是护士的职责,医生不应拒绝。另外,当护士和医生对同一患者的病情认知有差异时,或有经验的护士对缺乏经验的年轻医生处理患者的方法有异议时,都可能产生自主权争议。

知识链接

《护士条例》规定:护士发现医嘱违反法律、法规、规章或者诊疗技术规范规定的,应当及时向开具医嘱的医师提出;必要时,应当向该医师所在科室的负责人或者医疗卫生机构负责医疗服务管理的人员报告。

(四)角色理解欠缺

医疗和护理专业是两个完全不同的专业,医护双方对彼此的专业性质、工作模式、工作特点和要求缺乏了解。在医疗救护过程中,医护双方各自负责不同环节,有各自不同的职责,如果两个专业之间产生不理解,则容易影响双方的合作关系。如护士埋怨医生开医嘱不及时,物品使用后不能及时清理和归位等;医生埋怨护士不能按时完成医嘱,观察病情不仔细,不能做好与患者及其家属的解释沟通工作等。双方容易产生抵触情绪,长此以往,必然破坏医护间的关系。

二、护士在促进医护关系中的作用

通过相互的理解和交流,医护之间可以建立良好的医护关系,这需要医护双方的共同努力,护士可以在其中发挥主动积极的作用。

（一）主动宣传，加深了解

虽然医疗和护理关系密切，但不是所有的医生都完全了解护理专业。护理人员应主动进行广泛的宣传介绍，向医生介绍本专业的特点与进展，特别是在整体护理推广实施过程中，护士更需要主动介绍整体护理新模式的新理论、新知识、临床新技术，力争取得医生的理解与支持。

（二）互相尊重，学习理解

在医疗护理活动中，医护双方要理解对方的工作特点，明确各自的职责，尊重对方的人格，信赖对方的能力。在业务上互相学习，在工作中取长补短，营造一种互相理解、互相支持的合作氛围。

（三）加强沟通，真诚合作

良好的沟通是医护和谐关系的保证，是团结协作的基础。医护人员为了确保共同的医疗护理目标能够顺利达成，必须加强沟通。当医护合作出现不同见解时，双方要冷静思考，分析原因，找出解决办法，避免盲目冲动。护理人员不应在患者及其家属面前与医生发生争执，更不应在患者及其家属面前议论医生治疗的不妥之处，以免影响医护关系，发生医疗纠纷。

第4节 护士之间的关系

护际关系是指护士与护士在工作中互相交往的关系。在临床护理实践中，虽然她们的服务对象和目的是一致的，但由于护士之间职务、职责、年龄、知识水平、工作经历及心理特征不同，常常会发生护理人员之间的不协调甚至矛盾冲突。这不仅会影响护士间的感情，而且直接影响护理团队的整体功能的发挥。为提高工作效率和确保护理质量，护士必须掌握护际之间的沟通策略，共同努力维护护际关系的和谐。

案例 3-4

小华是一家医院消化内科的护士，平时跟护士长关系挺好的。最近因为家里事情多，隔三差五地请假。今天，上幼儿园的儿子又病了，小华去向护士长请假，护士长不同意，小华觉得护士长太不近人情了，就跟护士长吵了起来。

问题：1. 小华和护士长吵架的原因是什么？
2. 如果你是小华，该怎么跟护士长沟通？

一、常见的护际矛盾

（一）护士长与一般护士之间

护士长是医院临床第一线的护理管理者。护士与护士长之间良好的关系沟通，应该是双方之间相互理解、相互支持、相互关心。但由于双方所处角度不同、要求和关注点不同，造成彼此期望值上的差异，从而出现交往矛盾。

在与护士长交往时，护士希望护士长有较强的业务能力，能指导和帮助下属，能严格要求自己，以身作则，具有较强的组织管理能力，一视同仁对待每一位护士，能和护士们搞好关系。而护士长则希望护士有较强的工作能力，能按要求完成各项护理工作；能很好地贯彻自己的工作意图，服从科室管理，妥善安排自己的家庭和生活，能够胜任繁忙的护理工作。然而在现实中，这些希望往往实现不了。比如有的护士不体谅护士长工作的难处，凡事以自身利益为先，服从意识差；少数护士长对待护士厚此薄彼，不能做到一视同仁，或是只抓工作不关心护士需要，不近人情等。这些均影响护士与护士长之间的人际关系，从而出现交往矛盾。因此，护士长在与护士的关系沟通中，双方都应明确对方对自己的角色期望，并努力达到对方的期望值，这样才能形成和谐的护际关系。

（二）新护士与老护士之间

新、老护士之间由于工作经历、学历等不尽相同，容易在沟通过程中发生矛盾。如中老年护士临床经验丰富，专业思想稳定，工作责任心强，关心年轻护士的成长，看不惯有些年轻护士害怕吃苦、没有敬业精神、工作马虎，对她们要求非常严，喜欢"管闲事"。而年轻的护士则嫌年长的护士观念落后、爱发号施令指挥别人、爱唠叨、动作慢等，从而形成新、老护士之间的沟通障碍。

（三）青年护士之间

青年护士之间也常常发生矛盾。现在医院的很多年轻护士都是独生子女，缺乏宽容与退让精神，又年轻气盛，她们的矛盾较多地表现在工作上的互不服气或互不协作上。比如工作能力强、业务能力好的护士瞧不起工作能力差的护士；而工作能力差的护士自己不思进取，反而嫉妒工作能力强的，常为一些小事起争执。个别护士因关系不和，工作时彼此不帮忙，交接班时不认真等，严重影响整个病区护理工作的开展，甚至造成一些医疗纠纷或事故。

（四）不同学历护士间

随着国家教育整体水平的提高，护理教育的层次明显提升，越来越多具有本科以上学历的护士走上临床护理岗位。学历的不同带来的是同龄护士的人生观、价值观及处理问题的方法都大不相同。少数高学历护士以自己学历高、理论基础扎实为由，不愿意从事基础护理工作，也不愿意向临床经验丰富的低学历护士学习，甚至瞧不起学历低的护士长，不愿接受管理；而一些学历不高的护士，认为那些只有理论知识，没有临床实践经验的高学历护士都是"书呆子"而心存芥蒂，从而导致交往障碍。

（五）护士与实习护生之间

护士与实习护生之间既是同行又是师生关系。一般情况下，护士与实习护生之间都能够保持较好的关系，但有时也会有一些矛盾。如在带教过程中，带教老师不耐心，对一些接受能力差的护生态度冷淡，过多地指责护生，不指导，就会使护生对带教老师产生厌恶心理，师生之间容易发生矛盾冲突；而有些护生尤其是具有高学历的实习护生在实习过程中，如果自认为有本事而不虚心学习，傲慢、不懂装懂，甚至不尊重带教老师，就会使带教老师产生不愿意带教的心理，从而影响护生的实习效果。

二、建立良好护际关系的策略

良好的护际关系有利于增进群体间的团结合作，提高工作效率。

（一）创造民主和谐的人际氛围

护理集体内部的沟通，应以相互理解、相互尊重、团结友爱、互帮互助为前提的。作为护士长，既是护理工作的管理者，也是护际关系的协调者。在工作中应该以身作则，严于律己；处事公平、以理服人；在工作中多听取群众意见，了解群众需求，通过自己的品德、技能、知识和情感等非权利因素感染每一位护士。作为普通护士，要理解护士长管理工作的难处，尊重领导，服从大局，与其他护士互帮互学，和睦相处。年轻护士应该多向年长护士虚心请教、多学习，并体谅年长护士在体力等方面的困难，主动承担较重的任务，多讲奉献精神；年长的护士应该在护理实践中耐心地做好年轻护士传、帮、带的工作，多帮助年轻护士掌握正确的护理方法和操作技巧；学历高的护士应该多向临床经验丰富的护士学习，而实践能力强的护士则应该多向专业理论基础扎实的高学历的护士学习，从而形成一种民主和谐的人际氛围。

（二）创造团结协作的工作环境

护士的工作是非常繁重的，护理专业的发展需要全体护士的共同努力，一系列护理任务的完成，仅凭单个护士一人之力是无法完成的，而是需要护际之间的团结协作，协调运转。护理质量和护理技术水平的提高，需要建立团结和谐的战斗集体。护士之间既要分工负责，又要团结协作，才能形成一种团结协作、和谐向上的工作氛围，使整个护理群体更加具有凝聚力和向心力。

三、特定情况下的护际沟通

（一）交接班时的护际沟通

鉴于护理工作的连续性，护理工作不可能由某个人连续承担，必须通过分班承担、交接班实现。护理交接班是确保护理工作整体性和延续性的关键环节。护理工作具有连续性、动态性、直接性和具体性。护理交接班中存在的安全隐患最容易造成差错事故的发生。交接班可以说是护士之间的一种有意识的正式沟通形式，每位护士应以严肃、一丝不苟的态度对待交接班，护士通过执行规范的交接班，把值班时间内病区的情况及患者的动态变化交代给下一班，使下一班人员明确自己的工作内容，实现对患者连续性观察、治疗和护理，提高了整体护理质量，从制度上保证了医疗护理工作的安全。交接班内容应全面、清楚，重点突出。成功的交接班是护士之间团结协作的体现，一定不可以因为关系不好而不认真与下班交接；也不可以因为关系密切而随意交接，导致交接班不清，出现工作上的疏忽而导致差错事故的发生。

（二）抢救患者时的护际沟通

抢救工作是急诊室的重点工作，是最能反映医疗水平的关键部分。抢救中护士所负担部分十分重要，其技术水平的高低、组织配合的好坏，可直接影响抢救的成败。当患者出现病情危重时，需要护士之间互相协同、互相配合，每位护士都应关注危重患者的病情，心甘情愿地承担工作任务，不斤斤计较，将各项治疗护理工作按时完成，发现问题及时提出、及时处理，切不可认为非自己分内工作而与己无关。只要可能挽救患者的生命，就应把全心全意为患者服务的思想作为自己的行动指南。

（三）处理差错时的护际沟通

"人有失足，马有失蹄"，不论是谁都会有出差错的时候。如何对待和处理护理工作中的差错问题，通常是检验护际关系的重要方面。一个有良好道德修养的护士，一个有责任心有担当的护士，应该敢于主动承担责任，绝不会把过错推给别人。同时一个有良好道德修养的护士处理问题应该采取客观公正的态度，对事不对人，正确与否做出理智的评判。每位护士对过错当事人要给予真诚的帮助，要避免使用偏离事实的过激言词攻击当事人，要尽可能地采取补救措施减轻过错导致的不良后果，并分析原因，吸取教训，改进工作，建立团结协作的护际关系。

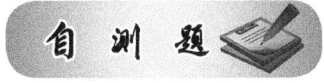

A₁/A₂ 型题
1. 护患关系的发展历程可依次分为（　　）

A. 熟悉期、确定期、解决期
B. 初始期、工作期、结束期

C. 熟悉期、治疗期、康复期
D. 信任期、治疗期、结束期
2. 在建立护患关系的初期，护患关系发展的主要任务是（　　）
   A. 收集患者资料
   B. 明确患者的健康问题
   C. 为患者制订护理计划
   D. 与患者建立信任关系
   E. 解决患者的健康问题
3. 影响医护关系的主要因素不包括（　　）
   A. 角色心理差位　　B. 角色期望冲突
   C. 角色压力过重　　D. 角色权利争议
   E. 角色理解欠缺
4. 关于护患关系基本模式的说法，下列错误的是（　　）
   A. 在主动-被动型的护患关系中，是护理人员对患者单向发生作用
   B. 在指导-合作型的护患关系中，护患双方在护理活动中都是主动的
   C. 主动-被动型的护患关系模式主要适用于对昏迷、休克等患者护理时的护患关系
   D. 指导-合作型的护患关系模式的指导思想是生物-心理-社会医学模式和以疾病为中心的护理模式
5. 一位患者，因头痛要求主治医生给其用止痛药。医生答应患者晚上给其口服止痛药，但未开临时医嘱。第二天早上，护士因患者晚间未服止痛药而受到埋怨，护士为此对该医生产生极大不满。导致该医护关系冲突的主要原因是（　　）
   A. 角色心理差位　　B. 角色压力过重
   C. 角色理解欠缺　　D. 角色权利争议
   E. 角色期望冲突
6. 患儿，男，2岁。因急性肠胃炎急诊入院。护士为其进行静脉输液时，两次穿刺失败，患儿亲属非常气愤，甚至漫骂护士。导致此事件发生的主要因素是（　　）
   A. 角色责任模糊　　B. 角色期望冲突
   C. 角色心理差位　　D. 角色权利争议
   E. 经济压力过重
7. 患者，女性，50岁，因出车祸入院，入院时已昏迷。对于此患者应采取的护患关系模式是（　　）
   A. 主动-主动型　　B. 被动-被动型
   C. 主动-被动型　　D. 指导-合作型
   E. 共同参与型
8. 患者，男性，57岁，患高血压15年，本次因血压控制不好入院治疗。适用于该患者的护患关系模式为（　　）
   A. 指导型　　　　　B. 被动型
   C. 共同参与型　　　D. 指导-合作型
   E. 主动-被动型

A_3/A_4 型题

（9～10题共用题干）

患者，男性，65岁，机关干部，因心脏病发作住院治疗。入院后前3天与护士关系融洽。第4天，护士王某为其进行静脉输液，穿刺3次均失败，最后请张护士长穿刺，成功。患者对此非常不满，从此，患者拒绝王护士为其打针。

9. 针对上述患者的特点，护士应采取的护患关系模式为（　　）
   A. 指导型　　　　　B. 被动型
   C. 共同参与型　　　D. 指导-合作型
   E. 主动-被动型
10. 上述护患关系发生冲突的主要原因是（　　）
    A. 角色压力　　　　B. 责任不明
    C. 角色模糊　　　　D. 信任危机
    E. 理解差异

（王艳华）

第4章 护理工作中的语言沟通

第1节 语言沟通概述

案例 4-1 青年志愿者团队来到福利院开展慰问活动,帮老人们打扫卫生,表演文艺节目。青年志愿者小白与老人拉家常:"您老身体真够硬朗,今年高寿?"老人:"八十三啦!"小白:"哦,那数您最长寿吧?"老人:"嗯,不,李老八十六啊!"小白:"那您也是长寿亚军呀!"老人:"不过,李老去年归天了。"小白:"哟,那下回可轮到您了!"老人立刻变脸了,不再搭理小白。

问题:1. 你认为小白什么地方说错话了?
   2. 语言沟通时应注意哪些问题?

语言是人类社会的产物,只要有人群活动的地方就需要语言。人类借助语言进行思想和情感的交流,以达到相互了解、共同生活的目的。人类还借助语言进行思维活动,揭露事物本质和规律,创造人类的物质文明和精神文明。

一、语言沟通的概念

语言沟通(verbal communication)是指沟通者出于某种需要,运用有声语言或书面语言传递信息、表情达意的社会活动。语言沟通包括口头语言沟通(如交谈)和书面语言沟通(如文字、图像、数据等)两种主要类型。

二、护理工作中语言沟通原则

语言是人类交流思想和表达情感的重要工具,语言也可以反映一个人的文化素质和精神风貌。护士的一言一行对服务对象都会产生影响,恰当的语言不仅能使服务对象心理得到满足,还能使之积极配合工作;而不良的言语刺激,则会引起服务对象的不信任、忧郁、恐惧,甚至丧失信心,拒绝合作。因此,护士在人际沟通过程中,应遵循以下基本原则。

(一)目的性

护患之间的语言沟通是一种有意识、有目标的沟通活动。护士无论是向服务对象及其家属询问一件事情,还是提出一个要求,或是说明一个事实等,都是为了达到一定的沟通目的。因此,护士在语言沟通过程中,应做到目标明确、有的放矢,才能达到沟通的目的。

(二)规范性

护患之间的交谈是有着严格的规范的,护士在与患者交谈时,应做到吐字清楚、用词朴实、准确,语法规范、精炼,要有系统性和逻辑性。另外,护士应尽量使用口语化的语言,忌用医学专业术语或医院内常用的省略语。

（三）尊重性

尊重是确保沟通顺利进行的首要原则，在与患者的沟通过程中，护士切不可伤害患者的尊严，更不能侮辱患者的人格。要始终把尊重、恭敬、友好放在第一位，平等待人，尊重患者。尤其是体现在称呼上，比如可以用"李大爷""王老师"等尊称，而不应用"3床""6床"等冰冷的数字称呼患者。

（四）治疗性

语言可以治病，也可以致病。在护患沟通过程中，护士应慎重选择语言，始终坚持以治疗患者为目的，不利于患者治疗或对患者有刺激性的话题和交谈方式切不可出现。另外，还要注意表意准确，不含糊，不要把治疗效果扩大化，也不要为了引起患者的高度重视而危言耸听，以防患者接受不了或受到过大的刺激而扰乱患者情绪甚至导致病情恶化。

（五）情感性

俗话说"良言一句三冬暖，恶语伤人六月寒"，语言始终伴随着情感。在语言沟通过程中，护士应以真心诚意的态度和"与人为善"的原则，加强与患者的情感交流。要做到态度谦和、语言文雅、语音温柔，语言表达与表情举止保持一致，使患者感到亲切自然。

（六）艺术性

艺术性的语言沟通不仅可以拉近护士与患者、家属的距离，还可以化解护患之间的矛盾。因此，护士应注意语言沟通的艺术性。在沟通过程中，护士应根据不同沟通对象的思想境界、性格特点等，有针对性地选择表达的内容与形式，比如时而委婉，时而严肃，时而幽默，使患者易于接受，从而达到沟通的最佳效果。

第2节 交　谈

交谈是建立良好人际关系的重要途径，是连接人与人之间思想感情的桥梁。良好的交谈比美酒更令人陶醉，比音乐更令人振奋，它能帮助人们增长知识，获取信息，解决问题和达到目标；也能帮助人们消除误会，增进友谊和改善关系。

一、交谈的含义

交谈是语言沟通的一种方式，是两个或两个以上的人以口头语言为载体进行的思想、感情和信息交流，达到互相了解的一种语言表述活动，它是人类语言表达活动中最基本最常用的方式。交谈可以通过面对面的形式，也可以通过电话、网络等形式进行。

交谈是护理工作中最主要的语言沟通方式。护理人员在收集患者资料进行护理评估时，进行护理诊断时，确定护理目标时，制订护理计划时，实施护理措施时都需要与人交谈。此外，护理人员之间交流思想和工作情况，护理人员与医生、检验师、营养师、患者家属及其亲友了解说明患者病情及治疗护理措施时，都会使用到交谈。因此，交谈贯穿于护理工作的始终。

> **知识链接**
>
> 有效的沟通取决于沟通者对议题的充分掌握，而非措辞的甜美。
>
> ——葛洛夫

二、交谈的基本类型

（一）一般性交谈与治疗性交谈

根据交谈的主题和内容，可将交谈分为一般性交谈和治疗性交谈。

1. 一般性交谈　交谈的内容和时间没有限制，主要是为了解决一些个人社交和家庭问题，一般不涉及健康与疾病问题。在一般性交谈中，双方只是表达些表面的、肤浅的、社会应酬性话题。在护患沟通中，多用于护士与患者第一次见面时的寒暄，如"您好""您吃饭了么？"之类的口头语，这种沟通在短时间内使用会有助于打开局面和建立信任关系，但护患之间的沟通不能长时间使用一般性交谈，它会影响患者说出有意义的话题。

2. 治疗性交谈　以患者的治疗和康复为中心的交谈称之为治疗性交谈。目的是帮助患者解决健康问题、促进康复、减轻痛苦、预防疾病，是护理人员向患者提供健康服务的重要手段。治疗性交谈以患者为中心，有明确的沟通目标和目的。在交谈中注重发展护患之间的支持性关系，护士鼓励患者积极参与治疗和护理过程，患者受到支持和鼓励，能真实自如地表达自己的想法与情感，对自己以往的经历有了新的认识，与护士一起找出新的解决方法，以积极的态度、良好的心态、恰当的方式应对困难。

（二）个别交谈与小组交谈

根据参与交谈人员的多少，可将交谈分为个别交谈与小组交谈。

1. 个别交谈　是仅限于两个人之间进行的信息交流，个别交谈的形式多样、内容广泛、随处可谈。交谈的内容比较重要，主要是双方感兴趣的话题，也需要双方就某个问题做出适当的反馈。现实生活中的护患交谈、医患交谈、师生交谈等均属于这种类型。

2. 小组交谈　是指至少三人或三人以上的交谈。若交谈的人太多，主题不易把握，谈话的内容也易受干扰，因此为了保证效果，参与人数一般控制在3~7人，最多不超过20人。小组交谈一般主题明确、目的性强，如护士对住院患者进行健康宣教。也有的小组交谈没有主题，而是根据交谈当时场景提出交谈内容，如在手术室外等待的患者家属围绕患者手术状况的交谈。小组交谈要获取成功，除了注意交谈的气氛平等和谐，顾及到所有的交谈者以外，更应注意交谈者的态度是否坦率、真诚，是否给对方发言的机会。总之，通过小组交谈，交谈者能了解更多自己和别人的情感及其他信息。

（三）面对面交谈与非面对面交谈

根据交谈的场所和接触情况，可将交谈分为面对面交谈和非面对面交谈。

1. 面对面交谈　由于交谈的双方同处于一个空间，都在彼此的视觉范围内，因此可以借助身体、表情等肢体语言的帮助，来阐明自身的观点和意见，使交谈双方尽可能准确、完整地表达和了解各自的意思，使交谈达到预期目的。护患交谈多采用这种形式。

2. 非面对面交谈　随着社会的进步、科技的发展，交谈的双方可通过通信工具、网络、书信等非面对面的方式进行交谈。在非面对面的交谈时，双方可以不受空间和地域的限制，也可以避免面对面交谈时可能发生的尴尬场面，使交谈双方心情更放松，话题更自由。但由于非面对面交谈时的空间范围扩大了很多倍，使交谈双方都远离对方的视野范围，可能会使信息交流的准确性受到影响。

三、护理专业性交谈的过程

一次正式的护理专业性交谈,其完整过程大致可以分为以下四个阶段。

(一)准备阶段

本阶段护士的主要任务是做好心理上、物质上、环境上的准备,具体内容如下。

1. 明确交谈目的　明确为什么要进行交谈,可以预先写下几个准备提出的问题,以便集中话题,达到交谈的目的。同时还应确定交谈所需的时间。

2. 了解患者信息　获取有关患者的信息,了解其既往病史、治疗经过、护理诊断、护理计划及本次住院信息。对这些信息的了解有利于增强护士交谈时的自信心。

3. 选择交谈的时间、地点和环境　交谈的时间应恰当,须避免治疗或检查的干扰。根据交谈的内容,可提供患者及其家属几个备选的交谈地点,如病房、护士办公室、医生办公室等。适当的地点与环境可以保护患者隐私,避免分散注意力。

4. 注意患者要求　交谈时应注意患者的体位、姿势是否舒适,没有疼痛和特殊的不适,愿意参与沟通过程,有无当时要给予满足的需要(如口渴、排便等),如有可先行解决,以保证交谈的有效进行。

5. 掌握并能灵活运用交谈技巧,使沟通变得有效。

(二)开始阶段

本阶段护士应积极营造信任和支持的交谈氛围以减轻患者焦虑,利于患者自然表达情感。

1. 有礼貌地称呼对方　礼貌得体地称呼患者和患者家属,给人一种平等、被尊重的感觉。护士可根据患者的具体情况选择不同的称呼,切忌直呼患者床号。此外,恰当的问候与寒暄,也会使对方感受到礼遇,为进一步沟通打下良好的基础。

2. 适时运用非语言沟通　交谈时应与患者及其家属保持合适的距离,目光要正视对方,适当地点头或发出"嗯""哦"等声音回应对方,适当做一些手势,表示自己在认真倾听,以引起对方交谈的兴趣。

3. 说明交谈的目的　护士在开始交谈前,及时告知本次交谈的目的及所需要的时间,并告知患者及其家属可以随时提问,让患者在身体上和心理上做好准备。

4. 因势利导和巧妙插话　交谈可以从与正题相关的生活小事开始,因势利导,逐渐把话题转入正题。此外,在交谈时,如患者说话内容偏离正题,护士可用一些简短的委婉插话使之回到正题。如"王爷爷,请允许我打断一下,好吗?"

(三)展开阶段

护士运用各种方法启动交谈后,就要考虑如何将交谈全面展开、切入主题了。此时的交谈主要涉及疾病、健康、环境、护理等实质性内容。护理人员除了要更多地运用护理专业知识和各种沟通技巧外,还应注意以下几点。

1. 围绕主题达到交谈目的　护士要按原定目标引导交谈围绕主题进行,同时要尽可能创造和维持一个融洽、和谐的交谈气氛,使患者无顾忌地将自己真实想法、感受全部倾诉出来。在交谈中针对新发现的问题,应及时对谈话内容进行适当调整或改变原定的主题。

2. 有效控制时间　护理专业性交谈的目的是为了获取医疗动态信息,与患者交谈时不能漫无边际地谈论患者感兴趣的事,必须紧扣主题,控制交谈时间。

3. 做好记录　正式的专业交谈都要有记录。一般在交谈结束后补做记录,如需在交谈中边谈边记，则应向患者解释，以免引起患者的紧张和顾虑。记录时，注意保护患者隐私。

（四）结束阶段

本阶段的主要任务是为终止交谈做一些必要的安排。选择适当的结束时机，对交谈内容、效果做简要的评价小结，必要时约定下次交谈的时间、地点和内容等。

以上就是一次正式的护理专业性交谈的完整过程。事实上，在临床工作中，护患交谈过程往往没有明确的分期，有时只是几句话或简单的回答，所以，护士在与患者进行交谈时要灵活应变，不要拘泥于四段的划分。

（考点：护理专业性交谈的过程）

四、护士沟通交谈的技巧

交谈作为护理人员为患者服务过程中进行护患沟通及与同行沟通的重要手段和基本功，其成功的条件，除取决于护士与患者或同行之间良好的关系之外，还取决于恰当地运用各种交谈技巧。交谈中的沟通技巧有以下几种。

（一）倾听

倾听是指交谈者全神贯注地接收和感受对方在交谈中所发生的全部信息（包括语言和非语言的），并做出全面的理解。倾听过程中要全神贯注、集中精力，要与对方保持适当的距离，1米左右为好，采取稍向对方倾斜的姿势，保持目光的接触。良好的倾听是一门艺术，它伴随着交谈过程，其目的是通过倾听收集真实情况、掌握准确信息，并且对各种信息进行接受、感受和理解。要做一位有效的倾听者，护理人员需要注意以下几点。

1. 时间充足　充分估计交谈所需要的时间，以便有足够的耐心听取诉说。

2. 排除干扰因素　尽量排除干扰因素，关掉手机，以便集中注意力。不要经常插话，让对方充分诉说，以便全面完整地理解对方的本意与真实情感。

3. 全神贯注　交谈中与对方保持目光接触，不要有看手表等分散注意力的举动。

4. 适时反馈　适时给予恰当、正确的反应。如"是吗""哦""嗯"等语言，以表明自己正在认真地听。

5. 语句恰当　护士在提问和做出反应时，要选择能够简明表达意思和感觉的词句，避免使用不易理解的医学术语。

6. 善于观察　注意观察患者的非语言行为，以判断其言外之意。

7. 勿急于做判断　如"你的血怎么抽不出来，多半是你病情加重了！"等匆忙的判断，会使患者不愿意再诉说。护士应让对方充分诉说，以便全面了解情况。

> **知识链接**
>
> 最完美的说话艺术不仅是一味地说，还要善于倾听他人的内在声音。
>
> ——莎士比亚

（二）核实

核实是指在倾听过程中，为了核实自己的理解是否准确所采用的交谈技巧。通过核实，可以使患者知道自己的讲话正在被护士认真听取，并且很受重视。核实应保持客观，不应加入任何主观意见和感情。具体方法有以下几种。

1. 重述　重述是指交谈中的倾听者对讲话者的话语进行复述、核对和释义的一种交谈技巧。通过这种方法，护士可以帮助患者再检查一下他说的话，等对方确认后再继续交谈。重述直接确认了对方的观点，可加强其诉说的信心，使其有一种自己的诉说正在生效的感觉，从而受到鼓励。运用这种方式时注意不要对患者所说的话做任何判断。例如，患者说："我昨晚一直没睡着，严重失眠……"。护士说："你刚才说你昨晚失眠，是吗？""是啊，翻来覆去，还头痛……"

2. 改述　改述是指护士把患者说的话改用不同的说法叙述出来，但意思不变，或将患者的言外之意说出来。例如，患者说："护士，我吃了几天药都没有好转，打针的效果应该会好些。"护士："你是说你想打针，不想吃药了，是吗？"

3. 澄清　澄清是指交谈者对于对方陈述中的一些模棱两可、含糊不清和不完整的陈述弄清楚，并提出疑问，以求取得更具体、更明确的信息。例如"请再说一遍""我还不太明白，你告诉我的是……"等。澄清有助于弄清最重要的关键问题是什么，以便下一步工作时先解决关键问题。

（三）提问

提问是收集信息和核对信息的手段，在交谈中具有十分重要的作用。提问的有效性将决定收集资料、进行护理评估的准确性。提问一般分为封闭式和开放式两种方法。

1. 封闭式提问　封闭式提问是将患者的应答限制在特定范围内的提问，患者回答问题用简单的"是""不是""有""没有"就能回答。此方式适用于互通信息交谈，特别是收集患者资料，如采集病史和获得其他诊断性信息等。如"您是这里痛吗？""您今天解了大便吗"等。但封闭式提问时患者回答问题比较死板，没有充分解释自己想法和释放情感的机会，缺乏自主性，护士很难得到提问范围以外的其他信息。

2. 开放式提问　开放式提问所问的问题回答范围没有限制，可引导患者开阔思路，充分说出自己的观点、意见、想法和感觉。护士可以从中更多地了解患者的想法、情感与行为。但是不能过多地诱导，否则很难获取真实资料。如"你今天感觉怎么样？""有什么想法可以告诉我吗？"。开放式提问时，护士的态度一定要诚恳，不应是冷冰冰的、突如其来的提问，要让患者感觉到温暖。开放式提问明显的缺点就是回答问题需要的时间较长，护士与患者都要有所准备。

（四）阐释

阐释即阐述观点、进行解释。患者在医院会有许多疑问需要护士解释，如诊断、治疗、护理的相关问题，病情的严重程度，预后及各种注意事项等。这就需要护士运用阐释方法给予解释。解答患者的疑问，消除误解，护理操作中解释操作目的、注意事项，针对患者的问题提出建议和指导，都是阐释的具体运用。阐释可以为患者提供新的思维方式，使其重新认识问题，从疑虑困惑中走出来，阐释多用于治疗性交谈中。如护士为一位尿潴留的患者导尿时，向患者阐释导尿的目的、注意事项等。

阐释的基本原则如下。

1. 尽可能全面地了解患者的基本情况。
2. 尽力理解患者发出的全部信息内容和情感。
3. 将需要解释的内容用通俗易懂的语言阐释给患者。
4. 用委婉的口气向患者表明观点和态度，对护士的观点和想法，患者有选择和拒绝的权利。

5. 整个阐释过程要使患者感受到关怀和尊重。

（五）移情

移情即感情进入的过程。在护患沟通中，是指护士站在患者的角度，通过倾听、提问等交流方式理解患者的感受。如果护士不能很好地理解患者、体验患者的真实情感，就无法使自己与患者的交往行为具有合理性与对应性。但移情不等于同情，同情是对他人的关心、担忧和怜悯，是对他人困境时自我情感的表现。而移情是从他人的角度感受和理解他人的感情，是分享他人的感情而不是表达自我情感。移情的焦点是患者，是从患者的角度来观察世界。

（六）沉默

在交谈的过程中，沉默本身也是一种信息交流，既可以表达接受、关注和同情，也可以表达委婉的否认和拒绝。例如，我们在交谈时面对一个个性强、语言偏激的对象，为了化解紧张气氛，以沉默待之，效果会更佳。当护士以温暖平和的神态沉默时，对患者来讲也是一种无声的安慰。当然，沉默要恰当运用，如果一位护士整天只是默不作声地工作，很难听到她的声音，也不利于护患关系的建立。

（考点：护士沟通交谈的技巧）

五、常见的护理人员交谈失误及对策

护士的语言是反映护士整体形象的重要内容。很多情况下，人们是从与护士的交谈中来评价护士及其信赖程度。然而在护理工作中，仍有许多护理人员在交谈时表达内容、方式、时机或场合不妥而出现了口语差错，由此引发的不良后果称为交谈失误。其实这些不良后果并非护理人员本意，而是由于疏忽大意或水平不高造成的，在工作中是可以避免的。

（一）常见的交谈失误

1. 出语不慎　有些护理人员说话不慎重，出口前未加思考、用语夸张，过度渲染患者的病情，造成误会，甚至引起患者猜疑，增加患者恐惧心理，使语言行为充当伤害患者的工具。如护士为一位先兆流产的孕妇肌内注射黄体酮，当注射完毕护士压迫止血时用惊讶地语气说："你的血怎么止不住呀"。孕妇听后即刻发生头晕、心悸、四肢无力、面色苍白。护士的出语不慎给孕妇带来了本可避免的伤害。

2. 表达缺失　有些护理人员在与服务对象交谈时忽略了语言环境的特殊要求，在语言表达上出现缺失，语意也不完整，造成患者没有理解明白，甚至断章取义，引起猜疑。比如护士为患者进行手术前宣教："今天晚上8点以后，不能吃饭也不能喝水。"结果第二天护士接患者去手术室时，再次询问患者是否吃饭喝水时，患者回答："我没有吃饭也没有喝水，我就今天早起喝了两瓶牛奶。"护士在表达上的缺失造成患者理解错误，推迟手术而延误治疗。

3. 主观臆断　有的护理人员在工作中经常用自己的主观想法或经验进行猜测，说对了可得到患者的钦佩，说错了则引发不满甚至给患者带来伤害。如一位女青年主诉恶心、呕吐，当护士得知她月经已推后半月时，便问："你肯定是怀孕了，恭喜你"，患者很不满地争辩道："我还没结婚呢！不懂不要乱说。"

4. 单向思维　有些护理人员在考虑问题时思维单一，考虑问题不周全，在与患者沟通交流时常常表现出破绽。如年轻护士在夜间查房时，与一位失眠的患者在病房里闲聊起来，同病房的患者道："这么晚了还工作，护士真辛苦啊！"护士听后大声地回答："没关系，我们都习惯了。"殊不知，患者不是关心护士工作太累没休息，而是提醒护士休息时间，不应说话。这位护士就陷入了单向思维的胡同。

> **知识链接**
>
> **成功交谈 12 忌**
>
> 一忌居高临下；二忌自我炫耀；三忌口若悬河；四忌心不在焉；
> 五忌随意插嘴；六忌节外生枝；七忌搔首弄姿；八忌挖苦嘲弄；
> 九忌言不由衷；十忌故弄玄虚；十一忌冷暖不均；十二忌短话长谈。

（二）交谈失误的补救

在护患交谈中，一旦出现交谈失误，只要出于善心，以诚恳的态度来补救，通常都能得到患者及家属的谅解。常用的方法有以下几种。

1. **补充** 当护士意识到自己因表达不到位而造成沟通障碍时，应设法进行必要的信息补充或解释说明，以求语义完整，理解准确。如护士询问一位服用强心类药物的患者有无不良反应时："您有黄视和绿视吗？"见患者不解地看着自己时，为避免患者误解，护士可以补充一句："您看东西是黄颜色或者是绿颜色吗？"，这样更易为患者理解。

2. **解释** 当护士的语言失误导致患者出现疑虑时，可以用解释给予补救。如护士为一位衰弱的患者抽血，很随意地说："哎呀！怎么抽不出来！"当时患者和家属听完后马上紧张起来，害怕病情进一步恶化。护士意识到后马上解释说："哦，这是由于患者最近经常抽血，血管弹性不好，是正常的，最近要加强营养，那我重新找一下血管来抽血。"

3. **改口** 有时当护理人员意识到语言失误即将发生时，可以采取变向改口的方法。比如一位护士正在和同事谈论一位身患癌症的患者病情时说："这种病在我们这治过好几例，效果都……"，正说着，该名患者刚好路过护士站，护士立即改口"还是不错的"。虽然其本意是要说"效果不理想"，但为防止突然的不良信息刺激患者，及时改口，还是十分机智的。

4. **重说** 当发现已经造成语言失误但是其消极影响有限，尚未形成严重后果时，护理人员应当收回重说，再次表达语义。比如一位护士查房，以为患者又没吃药，就说："你怎么又不按时吃药……"话音未落，发现药杯是空的，马上说："唉，瞧我怎么说的，您已经吃了嘛。"这种收回重说的方式自然、坦然，效果也是很好的。

5. **道歉** 如果已经发生了交谈失误，消极影响已经造成，应根据实际情况采取适当措施，真诚向患者表达歉意，以换得患者的理解。比如患者在门诊向导诊护士询问时，护士正在为另一位患者解疑，就有些生硬地说："等一会儿！"当意识到患者的不满时，当即道歉："不好意思，询问的人太多，有些吵闹，我听不清，您稍等一下，按顺序来，可以吗？"

第 3 节 护理书面语言沟通的技巧

书面语言沟通是指人们以书面语言为载体进行的人际信息交流和传递。例如报纸、广告、论文、图书等都属于书面语言沟通。阅读和写作是它的两种基本行为方式。

在护理工作中，护患之间及医护之间通过文字、画图、表格等形式进行的沟通就是护理书面语言沟通。护理人员借助书面语言的沟通手段，可以有效地搜集患者的相关资料，确定护理诊断、制订护理计划，并完成有关医疗文件的整理工作。因此，书面语言沟通是护理工作中应用广泛的沟通方式。

一、护理书面语言沟通的作用及原则

（一）护理书面语言沟通的作用

护理书面语言沟通应用于护理工作的各个环节，具有其他沟通方式不可替代的重要作用，主要体现在以下四个方面。

1. 贮存与沟通　书面语言沟通是对有声语言沟通的文字标注，它可以使各类信息正确、完整、清晰地贮存起来，同时也可以在更大程度上扩大语言作为人际沟通工具的能力。护理人员通过阅读病历和医嘱等医疗文书，可以全面地获取患者相关资料，并很好地执行医嘱和护理措施。同时，护理人员还可以通过记录和书写护理文书，为不同班次的医护人员真实又及时地反映患者的全面情况，使大家能不受时间限制地了解患者病情发展变化和治疗护理效果。还有一些护理学术论文和研究资料，则可以通过专刊、书籍和网络技术媒介等方式，在更大范围和更长时间内交流沟通。

2. 考核与评价　书写护理文书是临床护理的常规工作。不仅可以反映护理人员的工作态度、工作方法、工作内容和工作质量，同时还可以反映出科室和医院单位整体管理水平。因此护理文书既可以作为考核护理人员工作业绩和专业水平的重要依据，也可以作为考核和评价科室部门或医院整体服务质量与管理水平的基本资料。

3. 教学与科研　由于护理文书准确、完整地反映出护理活动全过程，因此是临床教学的理想教材。在教学中，教师可以利用护理文书的相关内容，动态地讲述护理人员的工作内容与质量要求，学生也可将理论知识与临床实践相结合，完成教学目标。

护理文书积累了丰富的临床资料，为护理工作者提供了最基本的教学科研资料。各类护理论文和专著就是临床护理实践的直接成果和经验总结，对推动护理学术交流和护理学科发展起了重要作用。

4. 司法作用　由于护理文书能够完整准确地记录临床护理工作情况并能理想地保存起来，因而可以作为重要的司法证明材料，具有较强的法律效应。特别是发生医疗事故、人身伤害等情况时，原始的护理文书资料就是医疗事故鉴定中审查医疗行为和医疗过程的客观证据。所以，护理工作者在工作中必须严格按照书写原则和要求认真书写各项护理文件，从而保护护患双方的合法权益。

（二）护理书面语言沟通的原则

1. 科学性　临床护理工作是一项科学严谨的工作，书写护理文件时不能违背护理专业本身的科学原理和科学规则。应坚持实事求是的工作态度，客观真实，及时准确地书写护理文件。同样，在撰写护理论文时也不能违背科学性原则，未经查实的材料不应采用。

2. 规范性　为使护理工作顺利有序进行，护理文件书写的基本格式已经统一，并随着护理专业的发展趋于标准化和简约化。例如医学术语、缩写、计量单位等，均有规范化、标准化的规定。因此，护理工作人员在各种护理文书的书写过程中应严格使用规范标准的书写用语。

3. 及时性　及时性是护理文件书写的要求之一，无论是交班报告还是护理病历都应该做到及时、准确，不允许提前或推后。临床上有时抢救危重、急诊等特殊患者时，也应对抢救过程中的病情变化，如呼吸、心跳停止时间，抢救过程的用药等做准确完整记录。特别是抢救过程中的口头医嘱，在抢救结束后应立即与医生核对，以免间隔时间太久容易遗忘而使护理记录准确性降低。

4. 准确性　护理工作直接关系到患者的健康甚至生命安全，因此护理文件的书写一定要做到客观真实、准确可靠，绝不能凭主观猜测、臆造，代替别人记录或请他人代写。如护士值夜班时凭想象记录了一位病重患者的生命体征，结果患者病情发生变化，抢救无效后死亡，患者家属与医院打官司，结果医院败诉。所以护理工作者应养成实事求是的工作作风和认真细致的工作态度。

5. 完整性　护理文书应该是一个严密的整体。例如在护理病历中，每确定一个护理诊断就应有相应的护理措施；每设立一项护理措施，就应有相应的实施记录和效果评价，环环相扣，缺一不可。尽管前后书写的时间和记录人发生变化，但书写的项目内容仍然要保持连贯与完整。

6. 符合伦理　护理书面语言沟通时要注意保护服务对象的隐私，尤其在交流发表时应特别注意，不能侵犯了患者的权利。

二、书面语言沟通在护理工作中的运用

书面语言沟通是护理工作中不可缺少的重要沟通方式，护理人员通过书面语言沟通，可以建立起良好的护患关系、医护关系、护际关系等。因此，书面语言沟通是护理工作中应用广泛的沟通方式，已日益成为提高护理整体水平、发展护理科学的重要手段。

（一）用于护患交流的书面语言

护患之间的书面语言沟通，常见于一些健康教育的指导性文字和相关法律法规的宣传资料等。

1. 健康教育手册、常见病及多发病的预防手册　能够根据患者的病情及治疗护理的需求，及时恰当地进行宣传教育，内容切合实际并及时记录效果评价。

2. 宣传栏　多见于社区健康宣教，主题鲜明突出，内容生动形象，语言通俗易懂，不能使用专业性太强的术语和缩写，以免一般文化层次的读者难以理解，此外还必须根据需求及时更换为群众所喜闻乐见的内容。

3. 患者出入院须知等简易规章制度　具有管理功能的书面语言沟通，主题单一、格式规范、语气得体、表达周密，能起到告知和法规作用。

（二）用于医护人员内部交流的书面语言

主要用于医护之间和护理人员之间的内部交流，明确医生与护士之间、护士与护士之间的工作职责与法律责任。主要见于各种护理文书，根据其内容和用途的不同，可分为三大类。

1. 护理记录　是一种使用频率最高的护理书面语言，它以文字或图表的形式反映了护理工作。

（1）体温单：护士为患者测量生命体征后，按规定符号和格式记录下来，还可根据病情记录出入量、体重、出入院时间、手术时间等。要求准确反映患者情况，如果患者请假离院时生命体征未测试的，不得编造虚假的数据，返回后测试的体温，也不能与离院前的曲线相连。

（2）医嘱单：医嘱是医生根据患者的病情需要拟定的书面嘱咐，是护士执行治疗护理的依据，也是处理医疗纠纷的重要依据。护士在抄写、处理医嘱时要严肃认真、一丝不苟。对于口头医嘱，护士必须向医生复述一遍，确认无误后方可执行，事后应及时记录。

（3）特别护理记录单：是护士对危重、手术及特殊治疗的患者在住院期间病情动态及护理过程的客观记录，应根据相应专科的护理特点书写。其中对于危重患者的抢救过程要有简明扼要的原始记录。如呼吸、心跳停止时间，心肺复苏开始时间、效果。记录要及时、准确、无误。

2. 护理管理应用文　护理管理应用文是各级护理管理者在处理护理工作的各种事务中应用的文体，除具有应用文共同的功能和作用外，还具有护理专业的个性和特点。其内容对于传达

上级方针政策、联系和处理各级机关部门事务、科室之间相互总结和交流情况起重要的沟通作用。因此，正确书写护理管理应用文，是维持正常工作和提高护理质量的基本条件。常用的护理管理应用文包括护理工作规章制度、护理工作计划、各种通知和措施等。

3. 护理论文 护理论文是以说明和议论为主要表达方式，以护理学科及相关学科的理论为指导，经过科研设计、实验和观察后取得原始资料，再经归纳分析和统计学处理，而撰写成的护理科技作品。

自测题

A_1/A_2 型题

1. 护士与患者进行小组交谈时，患者数量最好控制在（ ）
   A. 1~2人　　　　B. 3~7人
   C. 8~10人　　　D. 12~15人
   E. 16~20人

2. 在护患交谈过程中，如果护士希望得到更多的、更真实的患者信息，可采用的最佳技巧为（ ）
   A. 倾听　　　　　B. 核实
   C. 重述　　　　　D. 提问
   E. 鼓励

3. 良好的语言能给患者带来精神上的安慰，体现了语言的（ ）
   A. 广泛性　　　　B. 保密性
   C. 规范性　　　　D. 情感性
   E. 通俗性

4. 患者，男性，75岁。因脑出血进行手术已经有数小时。家属焦急地问病房护士："手术怎么还没有结束啊，我很担心！"此时最能安慰家属的回答是（ ）
   A. "假如手术有问题，医生会通知您的。"
   B. "这样的病情手术风险本来就很大，您就别催促了。"
   C. "您的心情我很理解，我可以打电话了解情况后再告诉您。"
   D. "这种手术的时间就是很长，您去手术室门口等着吧。"
   E. "对不起，我不清楚手术的情况。"

5. 患者，女性，54岁。患子宫肌瘤住院治疗。护士在收集资料时提出若干问题，正确的提问方法是（ ）
   A. "你出现过括约肌痉挛的现象吗？"
   B. "你服药后感觉好多了吧？"
   C. "你怎么还躺在床上？"
   D. "您一天喝1000ml水还是1500ml？"
   E. "您用过青霉素吗？"

6. 患者："我每天抽少量烟，已经好多年了。"护士："请您告诉我您每天抽几支烟，抽了多少年了？"上述对话中，护士应用了哪一种沟通技巧（ ）
   A. 重述　　　　　B. 总结
   C. 澄清　　　　　D. 反映
   E. 阐释

A_3/A_4 型题
（7~8题共用题干）

患儿，男，2岁。因缺铁性贫血入院治疗，患儿治疗期间由母亲负责照顾。

7. 护士在护理患儿的过程中，下列做法正确的是（ ）
   A. 让患儿母亲为患儿测量体温
   B. 告诉患儿母亲餐前服用铁剂
   C. 对患儿及其母亲进行健康指导
   D. 向患儿母亲保证患儿会很快康复
   E. 用医学术语解答患儿母亲的提问

8. 护士不正确的倾听技巧是（ ）
   A. 注意集中精力，认真听讲
   B. 适当保持眼神的接触
   C. 双方的距离以能看清对方的表情
   D. 使患者处于仰视位
   E. 轻声说话能听到为宜

（刘珈利）

第5章 护理工作中的非语言沟通

> **案例 5-1** 小谭是新上任的护士长,平时工作主动积极,且效率高。那天早晨小谭刚上班,科室电话铃就响了。为了抓紧时间,她边接电话,边整理有关文件。这时,有位姓李的护士来找小谭,她看见小谭正忙着,就站在桌前等着。只见小谭一个电话接着一个电话,最后,她终于等到可以与她说话了。小谭头也不抬地问她有什么事,并且一脸的严肃。然而,当她正要回答时,小谭又突然想到什么事,与同室的小张交代了几句,这时的李护士已是忍无可忍了,她发怒道:"难道你们这些领导就是这样对待下属的吗?"说完,她愤然离去。
>
> 问题:1. 这一案例的问题主要出在谁的身上?为什么?
> 2. 如何改进其非语言沟通技巧?
> 3. 假如你是小谭,你会怎样做?

第1节 非语言沟通的性质

一、非语言沟通的含义及特点

(一)非语言沟通的含义

在人际交往中,单靠语言很难达到沟通和理解的目的,只有在运用语言的同时,借助表情、动作等辅助手段,才能更有效地进行沟通。许多不能用语言形容和表达的思想感情,有时却可以通过非语言沟通的形式来表达。对于护士来讲,了解非语言沟通的特点及类型,并能根据具体的护理情境恰当地运用非语言沟通,对提高沟通的有效性具有重要的意义。

非语言沟通是指通过肢体动作、面部表情、语气语调、仪表服饰等非语言符号进行信息交流和沟通的过程。美国语言学家艾伯特·梅瑞宾提出了一个著名的沟通公式:沟通的总效果=7%的语言+38%的声音+55%的表情。在这里,声音和表情都是非语言沟通的形式。从这个公式不难看出,人与人之间的沟通只有7%是通过语言实现的,高达93%的沟通都不是用嘴说出去,而是通过声音和表情表达出来的。所以,人们不只是单纯地从说的话里判断是非,更能从肢体语言、眼神、表情、语气语调里分析出其他更深层的意思来。

护理人员学习非语言沟通的知识和技巧,对更好地为患者提供优质护理服务是十分重要的。它可以弥补语言沟通的不足,有利于护患间的人际关系和提高整体护理质量。

(二)非语言沟通的特点

非语言沟通作为人际沟通的一种基本表达手段,是有规律可循的。在人际沟通的互动过程中,主要呈现出以下特点。

1. 真实性 非语言沟通往往比语言沟通更能够表露、传递信息的真实含义。通常情况下,人们在交谈时总是伴随一些下意识、不由自主的表情、动作的变化,它是人的真实情感的表露。心理学家弗洛伊德曾说过:"没有人能保守秘密,如果他的嘴保持沉默,他的手指尖却在喋喋不休地说话。"

2. 持续性　非语言沟通是一个不间断的过程。在人际交往中，自始至终都有非语言载体在自觉或不自觉地传递着信息。可以说，从沟通开始，双方的仪表、举止就传递出行为者的有关信息，双方的距离、动作等显示着各种特定的关系。

3. 多义性　多义性是指非语言沟通在不同民族、不同地区和不同文化背景时的不同解释。用拇指和示指构成的"O"型手势，因所处的语境和文化背景不同，就会产生意思完全不同的解释。如在法国多表示为"零"；在讲英语的国家多表示"OK"；在日本则多表示为"钱"。

4. 相似性　相似性是指无论男女老少，无论哪个民族、哪个国家，都可以用同样的非语言沟通方式来表达同一种情感。如人们用哭泣来表达痛苦和悲伤的心情，用笑来表达愉快、高兴和喜悦的心情。非语言沟通是不同文化背景下人们通用的交际手段。

5. 心理性　是指非语言沟通在具体的语境中可以直接体现人的心态，是通过非语言沟通直接给予对方心理上的刺激，作用于对方意识的过程。在日常生活中，我们可以从他人的仪表、仪态表情传递的信息中分析出他人的气质和个性等，原因就在于非语言沟通符号具有显著的心理性。

（考点：非语言沟通的特点）

二、非语言沟通的作用

非语言沟通在人际交往过程中起着非常重要的作用，它可以用来传递信息、沟通思想、交流情感。在非语言信息的传播领域里，"眉来眼去传情意，举手投足皆语言"。非语言沟通的作用主要体现在以下六个方面。

（一）传递信息

美国心理学家艾伯特·梅拉比安认为，语言表达在沟通中起方向性和规定性作用，非语言才能准确反映出人的思想感情。人类信息传递的总量中93%是通过非语言形式表达出来的。非语言信号所表达的信息往往是不很确定的，但却常常比语言信息更具有真实性，因为它更趋向于发自内心，并难以掩饰。通过感受对方发出的非语言信号，可以从中了解对方的真实意图、情绪，也能更快地表达自己的真实意思，达成顺畅沟通的目的。

（二）表达情感

有研究表明，客观表现沟通者的情感状况是非语言沟通的主要功能。亚历山大·洛温博士说过："没有任何语言比人体语言更能表达人的个性，关键在于正确识破这一人体语言。"由于一个人的思想情感深藏于心中，必须借助非语言沟通的独特表达渠道才能将其复杂、丰富的感情显露出来。如护士在为服务对象实施护理的过程中，对手术后患者投以询问的目光，对年老体弱者投以关爱的目光，对进行肢体功能锻炼的患者投以鼓励的目光，而对神志清醒的不合作的患者投以责备、批评的目光。此时虽没有语言行为，但却更能使患者感到愉快、得到鼓励，或产生内疚。同样，患者一个赞许的目光，可使护理人员消除身体疲劳，感受到自身工作的价值。

（三）显示关系

面带微笑、语调柔和传递的是友好和热情的关系，而冷漠的面孔和生硬的语调传递的是疏远的关系。在护理工作中，与患者沟通交流时护士靠近患者坐着，这种体位显示了双方比较平等亲切的关系。如护士站着与躺着的患者说话，往往显示护士对患者的控制地位。护理人员开会时，围着会议桌坐的往往是资历深的、职称高的护士，年轻护士和实习生往往坐在第二排，会议桌顶头的位置通常是留给主持人坐的，这些非语言信号显示了身份地位关系。

（四）调节作用

是指用非语言沟通来协调和调控人与人之间的言语交流状态。主要有点头、摇头、注视、转看别处、皱眉、降低声音、改变体位等。它从不同的侧面调节信息的交流，动态帮助交谈者控制沟通的进行。如护士在倾听患者诉说时，若微笑着点头，便表示鼓励患者继续说下去；如患者眼睛向别处张望，说明其对交谈的内容听不懂或不感兴趣，此时护士应及时转换话题或暂时停止交谈。沟通双方诸如此类的互动行为的调节，经常不是由语言直接来表明的，而是靠非语言暗示来委婉地表达。

（五）验证信息

患者及其家属由于对疾病的焦虑，对护士的非语言行为特别敏感，他们常常利用其验证或确认语言沟通中有疑问的信息。患者常常通过护士的非语言行为来判断护士对其病情的真实想法，如焦急等待手术结果的患者家属，通过观察医生护士进出手术室的面部表情、步态等获得一些信息。同样，护士在观察患者时，也应注意其语言和非语言信息表达的情感是否一致，从而掌握患者的真实情况，实现有效沟通。

（六）替代语言

在某些场合情况下，往往用非语言沟通代替语言沟通传递信息。如在噪声较大的工地或停车场，人们无法听见对方的讲话，便可以用手势来指挥吊车的工作、停车的位置和距离。

（考点：非语言沟通的作用）

三、非语言沟通对护理工作的意义

非语言沟通是通过眼神、动作、表情、姿势等方式将信息传递给对方，是无声的、持续的，它有着辅助表意、强化感情的作用，甚至有时是语言所不能替代的。准确地使用非语言行为与患者进行交流，可产生积极的护理效果。非语言沟通在护理工作中有以下作用。

（一）建立良好的护患关系

微笑是情感表达的一种，微笑服务能缩短护患间的距离，与患者建立良好的护患关系。如一位老年患者出院前对他的责任护士说："姑娘，你对我们总是笑眯眯的，我们病房的人一有事就喜欢找你，你可别嫌弃我们。"由此可见护士的面部表情对护患之间相互关系得建立起很大作用。患者入院后，护士对患者微笑，患者即感到亲切，有依赖；相反，护士表情冷漠、不耐烦或将个人的不良情绪带到工作中，患者就感到惧怕、疏远或不信任，即使患者有心理和生理上的问题，也不会向护士透露，护士就不能从患者那里得到更多的信息，无法实施有效的护理。

（二）有利于配合各种治疗护理

抚摸可拉近护患之间的距离，增进护患的感情沟通，护士在查房时，对某些患者可采用触摸的方式进行非语言沟通。如对于幼儿可抚摸患儿的额头，使患儿产生亲切感，减轻恐惧心理，有利于护士对患儿进行各项护理操作；对于老年人，可在床边看一看伤口愈合情况，摸摸脉搏，拉拉被子，使患者感到护士对他的重视、关心、体贴，消除顾虑和不安，增强治疗的信心和勇气。

（三）促进患者的身心健康

沉默这种非语言沟通方式的使用在很多严重及晚期患者的护理中有其特殊的意义。此类患者由于治疗时间长，痛苦大，一些患者对治疗失去信心，产生绝望心理，情绪不稳定，常无缘无故发脾气，责骂医生、护士，甚至拒绝治疗。这时护士应明确自己的角色，不应对患者产生厌烦情绪，可站在患者旁沉默陪伴，让患者将内心的不良情绪宣泄出来，当患者平静后再进行安慰与鼓励。

（四）能维持和调节交流的进行

非语言沟通在应用时往往与语言沟通同时进行，达到相辅相成的作用。例如，在收集病史资料时，常与患者进行互通信息性交谈，交谈过程中灵活运用调节动作，即向对方点点头表示"说下去"或"我明白了"，能维持和调节交流的进行，鼓励患者与护士进行交谈；相反，交谈中护士只是不动声色地倾听，气氛与效果均不满意。又如，与患者进行治疗性交谈时，可运用指示动作（即做示范）补充语言，让患者更充分地理解护士的目的和要求，更正确地掌握某项技能、某个步骤以更好地配合治疗。

四、非语言沟通的基本要求

（一）尊重患者

即将患者置于平等的位置上，使处于疾病状态的患者保持心理平衡，不因疾病受到歧视，保持人的尊严。护士尊重患者的人格，就是尊重患者的个性心理，尊重患者作为社会成员所应有的尊严，即使是精神病患者也同样应该受到尊重。

（二）适度得体

护士的举止、表情、外表等常常直接影响到患者对护士的信任程度，影响护患之间良好人际关系的建立。在护患沟通过程中，护士的姿态要落落大方，笑容要适度自然，举止要礼貌热情。

（三）因人而异

在与患者的交往中，护士应根据患者的特点，采用不同的非语言沟通方式，以保证沟通的有效性。

第2节 护士非语言沟通的主要形式

非语言沟通的形式多种多样，常见的有外观形态、行为举止、表情及距离等。

一、外 观 形 态

（一）仪容

仪容是人的外表容貌，包括发型、皮肤、化妆。注重仪容是尊重他人的表现，也是自尊、自重、自爱的表现。在人际交往中，每个人的仪容都会引起交往对象的关注，并将影响到对方对自己的整体评价。护士仪容要求整洁、端庄、大方，体现职业特点。

（二）仪表

仪表是指护理人员工作时穿着的护士服、护士帽及鞋袜配饰等。对于一名护士来讲，仪表虽然不能代替高尚的医德、娴熟准确的技术，但宜人的仪表在一定程度上又可以反映其内心世界和情趣，它不仅给人视觉上的享受，也给人人格上的尊重。护士高雅大方的仪表能给患者以庄重、亲切的感觉。

> **知识链接**
>
> **镜　铭**
>
> 　　周恩来在天津南开学校就读时，学校在一面大镜子上悬挂着一副格言，上面写着："面必净，发必理，衣必整，钮必扣。头容正，肩容平，胸容宽，背容直。气象：勿傲，勿暴，勿急。颜色：宜和，宜静，宜庄。"周恩来一生便是以此40字镜铭作为仪容仪表、言谈举止的准则。在他光辉的一生中，永远保持着举世公认的良好气质和优雅的风度。

（三）仪态

　　仪态指人的举止、动作、姿势等肢体语言。在人际交往的过程中，优雅得体的仪态是对交往对象的尊重及重视，也是自身素质修养高低的体现。仪态这种无声的语言，通常能反映出一个人内在的素质修养，仪态是否得体，直接体现出交往对象品味的优雅或粗俗。

　　护士的仪态应符合护士职业的特殊要求。在护理工作中，护士应保持规范优雅的仪态，做到站立有相，落座有姿，行走有态，蹲姿优雅，举手有礼，从而体现对工作认真负责的态度和爱岗敬业的精神。

二、行　为　举　止

（一）手势

　　手势是非语言沟通的重要表达方式，使用频率很高，变化形式也最多。我们可从双手的动作、位置以及紧张的状况中看出不同的寓意。如摊开双手表示真诚、坦率，不会有假；被人无端责备后，紧握双拳显示出反抗的情绪或有报复的念头；而在胸前摊开双手则表现出无可奈何的心情。

　　不同的手势表达着不同的思想、情感和意图。大体上可分为四种类型。

　　1. 指示手势　一般是指人或事物所处的方向和位置。它可增加真实感和亲切感。比如，当你向他人问路时，热心的指路人在告诉你的同时，会用手指示你去的地方在哪个方向；当我们请一个人坐下时，往往伸出手来提示人你坐在哪里，方便相互交谈。

　　2. 情意手势　是用以表达感情的一种手的动作，可增强语言的感染力。如频频挥拳表示"义愤"，拍拍脑门表示"悔恨"，跺脚捶胸表示"悲痛"等。

　　3. 象形手势　是用以模拟人或物的形状、体积、高度等的手势，它能给人以具体明确的印象。这种手势常略带夸张，但运用起来往往与语言同步进行。

　　4. 象征手势　用以表现某些抽象概念。人们常常在讲述某一事物时用手做出生动具体的比划，使听众不仅易于理解，而且能产生某种意境，并产生共鸣。如讲故事、说笑话、演讲、辩论时配合的许多手势。

（二）触摸

　　触摸是人体各部位之间或人与人之间通过接触抚摸的动作来表达情感和传递信息的一种行为语言。常见的触摸形式主要有抚摸、握手、依偎、搀扶及拥抱等。触摸的作用主要有以下几方面。

　　1. 有利于个体生长发育　根据临床观察，常在母亲怀抱中的婴儿生长发育较快，睡眠好，很少哭闹，抗病能力强。相反，如果缺少这种身体接触，孩子就会处于"皮肤饥饿"的状态，造成食欲减退、烦躁不安、智力下降、性格缺陷，甚至出现孤僻、攻击性强、虐待小动物等异常行为。可见，触摸对个体的生长发育、智力发展及良好性格的形成具有明显的刺激作用。

2. 有利于改善人际关系　科学家研究发现：人类对于友善的触摸不仅可以产生愉快的感觉，而且还会对触摸对象产生依赖感。在人际沟通过程中，双方在身体上相互接受的程度，是情感上相互接纳水平最有力的证明。

3. 有利于传递各种信息　人体接触传递的信息有时是其他沟通形式所不能替代的。如护士触摸高热患者的额头，传递出护士对患者的关心和对工作负责的信息。

在某些情况或是场合下，不适合用语言表达关怀，就可以用触摸来代替。触摸在护理工作中的应用主要有以下几方面。

1. 健康评估　护士可以采用触摸方式对患者的健康进行评估。如患者主诉腹胀疼痛时，护士可以通过触摸患者腹部了解是否有压痛、反跳痛和肌紧张。

2. 给予心理支持　触摸是一种无声的安慰和重要的心理支持，可以表达关心、理解、体贴、安慰。产妇分娩疼痛时，护士紧握产妇的手或抚摸产妇腹部，可以使产妇感到安慰，并感觉疼痛减轻，有利于分娩进行。

3. 辅助治疗　近年来，一些国家开始将触摸疗法作为辅助治疗的手段。研究发现触摸能激发人体的免疫系统，使人的精神兴奋，减轻因焦虑、紧张而引起的疼痛，有时还能缓解心动过速和心律不齐等症状，有一定的保健和辅助治疗的作用。

三、表　情

表情是人类情绪情感的生理性表露，能够最自然、最真实地反映人们的思想、情感，更容易被人们所观察和理解。

（一）目光

目光接触是一种最常见的沟通方式，可以表达喜爱、敌意、信任、怀疑、关心、恐惧等多种情绪。一般来说，目光大体在对方的嘴、头顶和面颊的两侧这个范围活动为好，给对方一种很恰当地、很礼貌地看着他面部的感觉，并且表情要自然。作为护士应善于运用目光表达不同的情感和意义。如护士温和的眼神能使患者消除焦虑；亲切的眼神能使患者感到安慰；镇定的眼神能使患者获得安全感；关怀的眼神能使患者得到力量与支持。

1. 目光凝视区域

（1）公务凝视区域：以两眼为底线，额中为顶角形成的正三角区内，这是商务人员和外交人员经常使用的一种凝视部位。

（2）社交凝视区域：以两眼为上线、唇心为下顶角形成的倒三角区内，是各种类型的社交场合或朋友聚会时经常使用的凝视部位。

（3）亲密凝视区域：从双眼到胸部之间，多带有亲昵爱恋的感情色彩。

2. 护士目光交流技巧

（1）注视角度：护士注视患者的理想投射角度是平视，平视能体现护士对患者的尊重和护患之间的平等关系。

（2）注视时间：护患沟通时与患者目光接触的时间不能少于全部谈话时间的30%，也不要超过全部谈话时间的60%，如果是异性患者，每次目光对视的时间不要超过10秒。

（3）注视部位：护士与患者交流时宜采用社交凝视区域，使患者产生一种恰当有礼貌的感觉。

（二）微笑

微笑是面部表情中最能直接、准确、迅速传递信息的体态语。微笑自然大方，真诚友善，表现出充满自信，善待他人，乐业敬业的良好心境。护士运用微笑要自然、得体，把握好场合和分寸。

1. 微笑的特点　微笑时，嘴部向上移动，略呈弧形，但不露出牙齿，不发出笑声。在与患者沟通中，护士的微笑往往容易获得患者的信任与好感，使患者感到亲切、温暖、理解和尊重。

2. 微笑的训练

（1）练习嘴角上翘：为使双颊肌肉上抬，口里可发普通话"一"字音。

（2）练习眼中含笑：取厚纸一张，遮住眼睛下边部位，对着镜子，心里想着那些最让人高兴的事情使笑肌抬升收缩鼓起双颊，嘴角两端做微笑的口型，这时双眼就会呈现出十分自然的表情。然后再放松面孔，眼睛恢复原样，但目光仍旧脉脉含笑，这时就是眼中含笑。

知识链接

微笑在非语言沟通中具有奇特的魅力。微笑是招人喜欢的"磁石"，微笑是融洽气氛的"润滑剂"，微笑是深化感情的"催化剂"，微笑是开启心扉的"钥匙"，微笑是传达歉意的"载体"，微笑是以柔克刚的"妙招"。

四、距　离

距离指人际距离，是人与人之间的空间距离。在人际交往中，处于不同的空间距离，体现出不同的人际关系，传递不同的信息。

（一）人际距离的分类

美国学者E.T.霍尔提出了距离学的理论来阐述人际距离影响沟通的问题。他把人际距离划分为四类。

1. 亲密距离　一般为0~0.5cm，是一种允许存在身体接触的距离。处于此距离的人们能感到对方的气味、呼吸，甚至体温，只有在夫妻、情侣及极亲密的朋友或孩子依恋父母时才会产生，是爱抚、安慰、保护、关爱等动作所需要的距离。在医疗护理工作中，某些护理操作必须进入亲密距离方能进行，如体检、口腔护理、皮肤护理等，此时应向患者解释或说明，使患者有所准备并配合，避免患者产生紧张不安或不适感。

2. 个人距离　一般为0.5~1.2m，伸手可以触到对方的手，但不容易接触到对方的身体，是一般交往时保持的距离。通常熟人、朋友、同事之间的交谈多采用这种距离。护士常在这种距离范围内对患者进行健康教育、心理咨询等，是护士与患者之间较为理想的人际距离。

3. 社会距离　一般为1.2~3.5m，通常是人际关系不密切时的交往距离，主要用于个人交谈或商贸谈判，如小型会议、商业洽谈或宴会等。在护理工作中，对敏感患者或异性患者可以采用这种距离，以减轻对方的紧张情绪。

4. 公共距离　一般为3.5m以上，主要适用于群体交往，适用于与自己不相识的人共处。在公共场合走路时，与陌生人之间可采取这种距离。一般情况下公共距离不适合个人交谈。

（二）人际距离在沟通中的注意事项

1. 上级与下级沟通　要注意有意识地缩短交往的距离，不要人为地与交往对象拉开距离。

因为上级特定身份已使交往的对方有压力，因此有必要先在交往距离上减少陌生感。

2. 与人初次交往或到一个新环境　与他人之间首先要保持一定距离，使交往的双方有一个适应的过程，不要一开始就使双方的距离很小。因为这样会使对方不自然，但熟悉以后，应使交往的距离逐渐缩小，否则人们会产生疏远感。

3. 在与异性交往　要保持一定的距离。如果双方太近，会使对方感到不安，并且被人视为轻浮、不庄重，破坏自己的形象。

（考点：人际距离）

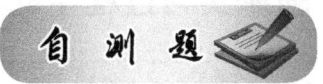

A_1/A_2 型题

1. 下列属于非语言沟通的特点是（　　）
   A. 专业性　　　　B. 局限性
   C. 持续性　　　　D. 生动性
   E. 多变性

2. 一位年轻的男患者，护士在和其交往时，每次目光对视的时间不要超过（　　）
   A. 5秒　　　　　B. 10秒
   C. 15秒　　　　 D. 20秒
   E. 30秒

3. 触摸应用于辅助疗法时，主要作用是（　　）
   A. 镇痛　　　　　B. 止咳
   C. 降低体温　　　D. 促进血液循环
   E. 缓解心动过速

4. 初产妇，正常阴道分娩。第二产程时宫缩频繁，疼痛难忍，痛苦呻吟。此时护士最恰当的沟通方式是（　　）
   A. 劝其忍耐　　　B. 默默陪伴
   C. 抚摸腹部　　　D. 握紧产妇的手
   E. 投以关切的目

5. 用呼吸机的患者常常用手势和表情与护士传递交流信息，此时的非语言行为对语言具有（　　）

   A. 补充作用　　　B. 替代作用
   C. 驳斥作用　　　D. 调整作用
   E. 修饰作用

6. 患儿，女，2岁。因热性惊厥入院治疗。护士在给患儿执行护理操作时的距离属于（　　）
   A. 个人距离　　　B. 亲密距离
   C. 社会距离　　　D. 公众距离
   E. 社交距离

7. 患儿，女，3岁。因急性淋巴细胞白血病入院，在与患儿沟通时，护士始终采用半蹲姿势与其交谈，此种做法主要是应用了沟通技巧的（　　）
   A. 倾听　　　　　B. 触摸
   C. 沉默　　　　　D. 目光沟通
   E. 语言沟通

8. 患者，女性，43岁。在得知自己被确诊为乳腺癌时，忍不住失声痛哭，这时护士走向该患者，默默递上面巾纸，并轻轻拍拍她的肩膀。护士的沟通形式属于（　　）
   A. 仪容　　　　　B. 仪表
   C. 仪态　　　　　D. 触摸
   E. 距离

（林智东）

第6章 人际沟通在临床实习及应聘求职过程中的运用

第1节 临床实习过程中的人际沟通

案例 6-1 王阿姨，女，51岁。慢性胆囊炎急性发作入院到普外科病房。实习护士小张在带教老师的安排下对其进行护理评估，问询期间王阿姨一直喊痛，实习护士小张不耐烦地说"痛什么痛，你不能忍耐一下吗？"王阿姨不再回复提问，致使评估工作中断。随后王阿姨向护士长投诉了小张。

问题：1. 实习护士小张为什么被投诉？
2. 小张应如何解决已发生的矛盾？
3. 作为护士，该如何顺利实现患者入院评估？

良好的护患沟通是护生从事护理工作所必备的能力，也是当前护患关系现状对护理人员提出的新要求。护生要通过临床实践提高沟通能力，为顺利进入临床工作打下良好的基础。

一、护生在临床实习过程中存在的人际沟通问题

（一）学生因素

1. **角色适应不良** 从学校到实习医院，对护生来说是一个全新的开始，环境、生活、人际关系都发生了变化，有些护生面对复杂的关系产生了陌生感、恐惧感，缺乏适应能力和人际沟通能力，不能很快地进入角色，积极投身到临床护理实践工作中。

2. **理论及专业知识不过硬** 护生在校所学知识主要来源于书本理论，实践能力相对缺乏，在有效沟通和健康指导等方面能力不足。在专业技能方面，由于操作技术不熟练加之紧张且缺乏自信，致使操作时常失败，引发患者不满。

3. **缺乏沟通技巧** 护生在校学习期间，往往重视专业学习，忽视人文素养的培养，临床实习护患沟通时，往往缺乏自信、紧张、拘谨。如不敢用目光与患者交流，操作时不知如何向患者解释，处理棘手问题时不注意沟通技巧，与带教老师沟通时不敢大声说话。凡此种种，影响实习工作的顺利进行。

4. **个性因素** 个人性格是指个人对现实的态度和对他人行为方面所表现出来的心理特征。如有人开朗、大方、健谈，与人沟通顺畅；反之，内向、拘谨、冷漠，会影响正常沟通。

（二）患者因素

当前医患关系特征变化明显，人们的法律意识、维权意识越来越强，患者把治病看作是消费，认为医院为其提供优质服务是天经地义的事，希望提供服务的是经验丰富、高年资的护士，而不愿实习护生为其服务，甚至采取拒绝态度，这些因素都会影响护患沟通。

（三）学校因素

学校限于课程设置等方面的原因，人际沟通等课程开设不足，教学内容陈旧，操作性不强，故临床实习时，护生人际沟通能力不足问题凸显。

二、实习前做好相应准备

护生临床实习是护理教学中的重要组成部分，是课堂教学的延伸。通过临床实习，护生可以在政治思想、医德医风、专业技术、人际沟通等方面得到综合锻炼与提升，学校与护生应积极做好准备。

（一）身心准备

1. 心理准备　护生要以饱满的精神状态、自信自强的品质迎接实习工作的到来，消除恐惧不良心理，勤学多问、精致细心，使临床实习真正成为提升能力、增长才干的重要途径。

2. 身体准备　护士的工作繁重琐碎，工作节奏快，工作强度大，与患者的沟通、评估、治疗、宣教等护理的每一个环节，都会消耗护士的体力和精力，因此实习前，护生应注意均衡饮食，加强体育锻炼，以良好的素质迎接实习工作的到来。

（二）基本礼仪准备

1. 良好的礼仪修养　护生仪表整洁端庄，举止稳重大方，语言亲切和蔼，态度严肃认真，情绪乐观开朗。工作期间要衣帽整洁，佩戴燕尾帽前发不过眉，后发不过肩，带名签，穿软底平跟鞋，不浓妆艳抹，不佩戴饰品，充分展示护生的良好职业形象。

2. 遵纪守规　热爱护理工作，履行岗位职责，严格执行实习医院的医疗、护理规章制度，杜绝护理差错事故的发生，服从实习医院的管理和安排，在带教老师的指导下圆满完成实习任务。

（三）人文素养准备

1. 法规知识准备　中职护生年龄小、人生阅历少，在校期间所学法律课程针对性不强，护生往往缺乏法律意识，学校应有针对性地选择学习《中华人民共和国护士管理办法》《病历书写基本规范》等法规。如在病历书写中，要求记录准确、及时、详细、不得随意涂改等。

2. 职业防护常识准备　中职护生由于缺乏工作经验，操作技能不熟练，对职业危害认识不足，容易造成不必要的损害。如针刺伤、钝器伤、放射损伤、生物性传染等，学校应通过培训，提高护生防护意识和防护能力，保证护生顺利完成实习工作。

（四）专业知识和操作技能准备

实习前，学校应多开设综合性技能操作培训与考核，设置模拟情境，融合护理学、外科护理、内科护理的常用技能操作项目，训练护生的沟通能力、应对能力，增强护生临床适应能力，做好实习前的知识与技能储备。

三、护生加强沟通能力的方法

在护生应具备的能力结构中，沟通能力是众多护生的薄弱环节，因此，院校合作，提高护生沟通能力尤为重要。

（一）完善岗前培训，实现角色转换

护生入院后的岗前培训，是适应新环境、新工作，迈好护士职业生涯的第一步。院校一方面要强化护生理论和操作技能培训，另一方面要突出护患沟通、卫生法规、护患纠纷、职业防护等方面的培训，护生要树立"以患者为中心"的理念，忠于职守、尽职尽责，顺利完成从护生到护士的角色转换。

（二）加强人文素养学习，树立良好职业形象

护生工作中应具有良好的人文素养，遵循一定的行为准则和规范。学校要注重医学课程和人文知识学习的渗透，多采用案例教学法、角色扮演法等，让学生学习护患沟通技巧。在临床实习中护生要注意学习使用礼貌用语，多使用安慰性和鼓励性语言，运用非语言沟通中眼神、手势、姿势等技巧，营造良好的沟通氛围。

（三）注意护生心理维护，增强护生自信心

带教老师要注意护生心理健康，尊重护生，以"护士"角色对待，多鼓励，多肯定，帮助护生克服紧张、畏怯、自信心不足等心理，教给他们护患沟通技巧；护生也要积极参加实习医院的各种活动，展示自我，提升自信。

（四）加强沟通技巧的学习，实现有效沟通

人际沟通是护士职业必备的技能，这种专业性沟通技巧可以通过学习、培训、实践获得。如语言沟通中开放性提问的技巧，"你今天哪里不舒服？"能使对方谈出更多的情况和想法。封闭式谈话，有利于缩小谈话范围，澄清事实。如"你今天肚子还痛吗？"带教老师可营造模拟情境，根据某位患者病情，拟定沟通主旨，指导学生与患者沟通。

（五）加强专业知识学习，提高服务能力

护生知识能力储备不足也在一定程度上制约了护患沟通，因此，护生要不断提高专业理论知识和技能操作能力。在进入不同科室实习前，要有针对性地了解科室工作流程，掌握常见护理知识，做到"四勤"，即脑勤、手勤、嘴勤、腿勤，记好实习日记，缩短临床适应期，为今后成为合格护士打下坚实基础。

四、护生与带教老师的沟通

临床实习是护生在护理带教老师指导下参与护理实践，以验证、巩固和深化所学的护理理论与技能的过程。融洽的师生关系，有利于护生更好地实现角色的转变。

（一）端正学习态度，尽快实现角色转变

护生要以饱满的精神状态，积极地投身到岗前培训学习中，牢固树立职业精神，专业思想，养成爱岗敬业、忠诚求精的良好作风。进入实习岗位后，面对陌生的环境、陌生的人群和复杂的人际关系，护生要通过勤学多问，逐步克服紧张、畏惧心理，通过刻苦实践，提高自身价值感和胜任感，实现角色转变。

（二）互相尊重，建立和谐师生关系

良好师生关系，是师生有效沟通的金钥匙。护生要尊重带教教师，虚心好学、不耻下问；带教老师也要通过"传道、授业、解惑"，提高护生能力水平，同时，还要关心护生心理，搭建有效交流平台，构建和谐师生关系。

（三）灵活运用沟通知识和技巧

沟通能力是一个人的核心竞争力所在。一项研究报告指出：决定一个人的成功因素中，20%为智商，80%为情商，其中最重要的是沟通能力。护生在实习中，要善于掌握灵活的沟通方式。如带教老师进行常规操作时，要积极配合，提高动手能力。科室开展新技术、新项目，护生要积极主动查找相关资料。有效利用语言沟通和非语言沟通技巧，主动与带教老师进行自

我介绍。请教时认真倾听，不轻易打断老师，学会记录。交流中要面带微笑，得体的体态语言，有助于师生沟通。

（四）换位思考，懂得移情

移情是护生站在老师的角度设身处地理解老师的感受，这是建立良好师生关系的基础。护生不能以自我为中心，忽视带教老师临床护士的角色和承担的责任，要学会换位思考。带教老师由于临床工作繁重，有时无暇顾及每一位护生，护生应积极主动寻找恰当的沟通机会。

（五）稳定专业思想，正确面对挫折

部分护生进入临床实习后，实际护理工作与想象的情形产生了较大的落差，由此产生了畏难情绪和思想波动，实习中主动性差、不爱动手、不愿提问。面对困难和挫折，护生要及时调整心态，积极与带教老师沟通思想，正确对待工作困难。学会沟通，以诚相待，在带教老师的指导和帮助下，稳定专业思想，增强职业的自信心和自豪感，完成好实习工作。

第 2 节　应聘求职的人际沟通

案例 6-2　刘某是某卫生学校护理专业应届毕业生，求职意向是某市三甲医院护理护士岗位。为在众多求职者中脱颖而出，赢得该医院面试机会，刘某制作了一张具有自己特色的求职简历，此前刘某获得省级护理大赛一等奖。

问题：1. 刘某在求职过程中有哪些优势和不足？
2. 如何准备精彩的求职资料？
3. 如何在面试中表现出良好的沟通能力？

如今职场有如战场，当前护理专业毕业生就业竞争日益激烈，随着人才劳动市场的完善，通过应聘方式择业已成为很多护生择业的主要方式，良好的人际沟通能力是护生就业的重要因素之一。

一、应聘求职前的准备

（一）战略准备——求职策划

制定自己的职业规划、理想目标是什么？分几步走？眼前最需要做的是什么？选择的城市，选择的医院类别等。

（二）信息准备——择优而行

广泛搜集就业信息，了解国家就业形势，归纳整理、分析判断，选择有意向的求职单位。

就业信息获得的渠道有以下几种。

1. 学校就业指导部门提供用人单位需求信息。
2. 区域或校际组织的"双选"招聘会。
3. 网络、新闻媒体、各大公司官方网站招聘主页关于用工的需求。
4. 通过各种社会关系，亲朋推荐，以及社会实践获得就业信息。

（三）心理准备——放正心态

以积极平和的心态择业，增强自信，理性冷静，避免眼高手低、好高骛远，做好屡试不第的心理准备，具备抗挫折能力、抗压能力和一定的心理承受能力。

（四）资料准备——精彩独特

包括毕业生推荐表、特色个人简历、求职信、成绩单及各种荣誉证书、证件等相关资料，用人单位往往通过这些书面材料判断和评价求职者工作能力和现有状况，因此要精心准备。

二、常见的求职方式及求职技巧

常见的求职方式有信函自荐、网络求职、现场招聘、考试录用等形式。

（一）信函自荐

包括简历和求职信。

1. 简历 是求职成功的敲门砖，制作简历时要避免千篇一律，做到知己知彼，既要客观评价自我，又要了解企业岗位需求，制作的简历格式要规范，外表美观，突出重点，求职目标、教育背景、工作和社会经历要与企业需求相符。

简历一般采用表格式。简历举例见表6-1。

表6-1 简历举例

基本信息	姓 名	×××	性 别	×	民 族	×	照片
	籍 贯	××××××	出生年月	××××年××月			
	政治面貌	团员	身 高	163cm	身体状况	××	
	毕业学校	××卫生学校			专 业	护理	
联系方式	固定电话	××××-×××××××		电子邮箱	×××××××××@qq.com		
	移动电话	×××××××××××		QQ	×××××××××		
求职意向	护理护士						
教育背景	2014.9—2017.7　××卫生学校 2011.9—2014.7　××高级中学						
社会实践	2016.9-2017.7　××医院实习 2015.7—8　暑期世界青年纪念日担任礼仪接待工作 2015.1—3　寒假社会实践活动任组长						
获奖荣誉	2015年获市级"守护生命"演讲比赛一等奖 2016年获省级护理技能大赛一等奖						
技能证书	2015年获计算机一级证书 2017年获护士执业资格证书						
个人专长自我评价	舞蹈、英语 本人五官端正、性格开朗，吃苦耐劳、适应环境，在校期间多次参加学校组织的志愿者活动，勤奋好学，有团队合作精神。						

2. 求职信 求职信也叫自荐信，是求职者直接向用人单位以书面形式请求录用的一种推荐信。格式包括开头、正文、结尾、落款四部分。一份好的求职信能体现求职者清晰的思路和良好的表达能力，也能体现求职者的沟通交际能力和性格特征。如例文：

求 职 信

尊敬的领导：

您好！非常荣幸地接受您的挑选，同时也非常感谢您在百忙之中，看完我的自荐材料。

我是××学校护理专业的一名应届毕业生。三年的学校学习生活，我已初步具备了扎实的理论基础和娴熟的操作技能，在校学习期间，我获得了省级护理技能大赛一等奖、志愿者服务爱心奖，我积极参加各种社团活动，注重综合能力培养是我一贯的目标。

在贵院实习期间，通过在内、外、妇、儿等科室的学习，培养了我敏锐的观察能力和正确的判断力，并以高度的责任心对待患者，我热爱即将从事的护理工作。

贵院是一所医疗水平精湛的三级甲等综合医院，能到贵院工作是我一直以来的梦想，真诚地希望加入贵院，为贵院的发展尽一份绵薄之力，现附上我的电话（××××××××××）和 E-mail（××××××××）。盼复！

此致

敬礼！

×××

×年×月×日

（二）网络求职

1. 网络求职方法　随着科技的发展，网络求职已成为广大求职者择业的重要途径之一，它的特点是投递迅速、使用简单，成本低。据统计，求职者通过互联网找到工作的比例高达40%。

2. 网络求职技巧　①制作简洁吸引人的个性化简历；②网站的选择，如：学校就业网站、中华英才网站（www.chinahr.com）、应届生求职网（www.yingjiesheng.com）等；③选择稳定性、安全性高的邮箱，以免邮件被删除或丢失。

（三）现场招聘会

1. 现场招聘会方法　招聘会分行业专场和综合两种，想要应聘护理岗位的毕业生应该关注卫生人才招聘会。

2. 现场招聘会技巧　①建立良好的第一印象，应聘者要注重举止形象、衣着得体、态度诚恳，要充满自信；②诚恳交谈，在有意向的招聘展台前，了解招聘资讯，诚恳交谈，简单自我介绍，突出自我优势与招聘条件的吻合度，并可适时留下自己的简历。

（四）考试考核

1. 笔试考核　考核应聘人员专业知识及综合素质。知识储备是一个长期积累的过程，同学们在校期间要刻苦学习、熟练掌握基础知识和基本技能，这样在笔试时才能得心应手。

2. 笔试技巧　①考前知识准备充分，有针对性地强化复习；②保持良好的心态，劳逸结合，确保精力充沛，去迎接考试；③笔试考试准时到场，携带必备证件和考试文具；④考试时镇定从容，拿到试卷后通篇浏览，安排时间，先易后难，避免错填漏填，卷面整洁，字迹工整。

3. 操作技巧　护士招聘时常用：①操作时规范着装（工作服、鞋、帽）；②仪表大方，态度和蔼；③操作程序完整，动作规范；④严格无菌技术、严格核对原则等。

三、面试的沟通技巧

（一）面试的含义

面试是一种经过精心设计，在特定的场景下进行招聘者与应聘者之间有目的的、直接面对面的交流。

（二）面试前的准备

1．确定三要素　时间（when）、地点（where）、人物（who）。

2．对应聘单位有一定的了解　了解用人单位发展趋势、文化理念、管理制度，正在招聘的职位与能力要求，员工的职业发展前景等信息。

3．预测面试官提问的问题（想对策——迎战——模拟面试训练）　面试主要考核应聘者的素质有人际沟通能力、组织策划能力、应变能力、综合分析能力、语言表达能力及仪容仪表等。

4．准备着装　礼仪不是万能的，但没有礼仪是万万不能的。衣着得体，举止大方，语言干练，"每个人都要向孔雀学习，2分钟就让整个世界记住了自己的美丽"。

5．准备所带物品，带好简历。

（三）面试沟通技巧

1．语言沟通技巧

（1）自我介绍技巧：自我介绍是面试的"第一问"，主要考查应试者语言表达能力、逻辑思维能力等，一般包括基本信息、学历资质、面试的期待及对面试单位的评价。

在技巧上，一是注意礼仪和举止，主动微笑问好；二是注意把握时间；三是3分钟以内结束；四是注意语言平和亲切、语速适中、语音适量；五是要注意开头、中间和结尾三环节，开头或引人入胜或平铺直叙，中间环节要条理清楚，把握重点，结尾要把自己的期盼表达出来。

（2）倾听技巧：倾听可获得信息的来源，也可了解对方的思想及心理，仔细倾听是对面试官尊重，不要打断他人讲话，不要插话。在倾听的基础上，应聘者才能更好地回答问题。

（3）阐释技巧：沟通不是简单地一问一答，是应聘者阐述自己观点表达自己见解的过程。护生面对提问，要积极思考，坦率真诚回答，不可信口开河，不可滔滔不绝。

（4）应激技巧：因紧张、压力、心理等因素，应聘者面对提问，或语言逻辑思维混乱或不知如何回答，遇到冷场的尴尬局面，这时可用友好和微笑重新开启谈话，化解危机。

（5）告辞技巧：当面试结束时，应试者无论对自己的表现满意与否，都应含笑点头致谢，做到失聘不失态。

2．非语言沟通技巧　面试中，应聘者对非语言沟通的理解有助于及时调整沟通策略，增加应聘成功率。

（1）眉眼语：目光交流中，回避对方视线，会传递出不自信；长时间注视会给对方压迫感。面试中，注视的时间占谈话时间的30%～60%为宜。注视的部位应为平视（社交注视区），位于对方双眼至唇上三角区部分。

（2）微笑语：微笑是最常用、最自然、最友好的一种信息传递，可以贯穿于面试全过程。

（3）体态语：①头部语。通过头部语言常常可以了解面试者的态度、情绪和某种看法。②手势语。合理的手势语会增强信息的真实性和表现力。如握手适度，可反映平等友好等。③姿态语。与人沟通时不同的姿态传递不同的信息。如抱臂，表示封闭与拒绝等。④脚语。可判断心理，脚步沉稳表示沉着，脚步轻快表示愉悦，脚步匆忙表示慌乱。

（4）时空性非语言信息：面试时应聘者应遵守时间，提前10～15分钟到达面试地点。应试者与考官采用的交谈社交距离一般为1.2～3.5m，握手拍肩可采用个人社交距离，一般可在0.5m以内。

自测题

A_1/A_2 型题

1. 下列哪项不符合临床实习护生应具备的素质（　　）
   - A. 身体健康
   - B. 有责任心和同情心
   - C. 穿着漂亮
   - D. 端庄大方
   - E. 态度和蔼

2. 一个合格的实习护士自身性格因素应具备（　　）
   - A. 勤恳做好护理工作
   - B. 护患之间冷漠无语
   - C. 用严谨的医学术语与患者沟通
   - D. 有责任感，具备良好的语言表达能力
   - E. 所有情感都投入给患者

3. 学生小丽即将步入临床护生实习生活，为此，学校开展了人际沟通在临床护理中的应用学习，实习前护生应做好的准备（　　）
   - A. 人脉准备
   - B. 仪表仪容准备
   - C. 护士工作服准备
   - D. 时间准备
   - E. 心理和身体准备

4. 杨某，女性，60岁。因胃溃疡出血入院，病情基本平稳，带教王老师让护生小刘协助进行入院评估，小刘不知从何入手。不属于护生与带教老师沟通技巧的是（　　）
   - A. 合理安排实习与就业
   - B. 建立良好师生关系
   - C. 尽快熟悉医院环境
   - D. 换位思考，以礼相待
   - E. 正确面对工作中的挫折

5. 患者，男性，38岁。入院诊断为大叶性肺炎，今日患者康复出院。实习护生小新送患者出院使用的语言不妥的是（　　）
   - A. 欢迎再来
   - B. 请多保重
   - C. 请注意休息
   - D. 慢走，请注意安全
   - E. 请按时吃饭

6. 王雪是一名中职护士毕业生，由于家境不好，她放弃了进一步升学机会，为了找到一份心怡的工作，她搜集的不属于求职信息主要来源的是（　　）
   - A. 职业介绍所
   - B. 电脑网络
   - C. 媒体招聘广告
   - D. 医学书籍

7. 护生在实习时要做到的"四勤"，不属于"四勤"的是（　　）
   - A. 手勤
   - B. 脑勤
   - C. 嘴勤
   - D. 腿勤
   - E. 看书勤

8. 音音从某卫生学校毕业一年多了，一直以来始终处于投简历、面试中，屡试不第。面试时，主要考查应试者的素质不包括（　　）
   - A. 人际沟通能力
   - B. 综合分析能力
   - C. 应变能力
   - D. 组织策划能力
   - E. 操作能力

A_3/A_4 型题

（9~10题共用题干）

护生小陈完成临床实习即将毕业，为了尽快找到护理工作，她通过中华英才网站投递个人简历至某市第一人民医院，并接到面试通知

9. 对于面试前的准备下列说法错误的是（　　）
   - A. 思想准备
   - B. 仪表准备
   - C. 材料准备
   - D. 礼物准备
   - E. 路线、地点准备

10. 求职面试时，错误的做法是（　　）
    - A. 提前15分钟到达指定地点
    - B. 独自去参加面试
    - C. 投递材料时单手递上
    - D. 落座时自然将腰伸直

（李　洁）

第7章 护理工作中人际沟通的礼仪

第1节 护理工作中的礼仪要求

案例 7-1 小王,24岁,刚刚从卫校毕业到医院工作。患者,女性,64岁,宫颈癌晚期,处于临终状态,因此患者经常无缘无故地发怒,并且迁怒于小王,小王受不了委屈,每次不是哭泣,就是与患者发生争吵。

问题:1. 请同学们认真分析案例,护士小王的做法对吗?
2. 小王应如何与患者进行沟通?
3. 作为一名护士,应该具备怎样的礼仪素质?

随着系统化整体护理在临床实践中的应用和发展,护理人员除拥有丰富的专业理论知识和熟练的操作技能外,还应具有良好的仪容、仪表及专业形象。护理工作是一门艺术,护士端正的态度、礼貌的语言、文雅的举止和规范的行为给人一种美感,同时赢得患者和同行的尊重与信任。随着医学模式的变化,护理工作中的礼仪已成为代表医院文化、医院形象的重要载体。

一、礼仪的概念与原则

(一)礼仪的概念

礼仪是一种行为规范,是对生活和工作中的礼貌、礼节、仪表、仪式等的统称。

1. 礼貌　是指人们在交往过程中为表示尊重和友好,通过语言和动作表现出敬意的行为规范,如尊称、主动打招呼、道谢等。

2. 礼节　是人们在社会交往中表现尊重、祝贺、哀悼等惯用形式,是礼貌在语言、行为、仪态等方面的具体表现形式。

3. 仪表　是人的外在表现,包括容貌、服饰、仪态等。

4. 仪式　是在较为庄重的场合为表示敬意或隆重,举行具有专门程序的规范化活动,如各种会议、项目的开幕式或闭幕式、颁奖仪式等。

(二)礼仪的原则

1. 遵守原则　在交际活动中,每一位参与者不论其职位高低,财富多少,都必须自觉、自愿的遵守礼仪规则。

2. 自律原则　古人云:"己所不欲,勿施于人。"对待个人的要求是礼仪的基础和出发点。学习应用礼仪最主要的就是要自我要求、自我约束、自我对照、自我反省、自我检查。

3. 敬人的原则　要求人们在人际交往中,对交往对象要互谦互让,互尊互敬,友好相待,和睦共处。敬人就是尊敬他人,包括尊敬自己,维护个人乃至组织的形象。

4. 宽容的原则 即人们在交际活动中运用礼仪时，既要严于律己，更要宽以待人。理解宽容就是说要豁达大度、有气量、不计较和不追究。具体表现为一种胸襟，一种容纳意识和自控能力。

5. 平等的原则 平等是礼仪的核心，对人应以诚相待，一视同仁，给予同等待遇，不因地位高低，财富多少，国籍种族不同及与自己关系的亲疏远近不同而有所不同。

6. 从俗的原则 礼仪交往要求人们尊重对方，入乡随俗，而不要妄自尊大，自以为是，或简单地否定其他的民族和国家的风俗。

7. 真诚的原则 运用礼仪时，务必诚信无欺，言行一致，表里如一。真诚就是在交往中做到诚实守信，不虚伪，不做作。

8. 适度的原则 在与人交往时，要把握分寸，适度得体，既要彬彬有礼，又不能低三下四；既要诚挚友好，又不能虚伪客套；既要坦率真诚，又不能言过其实。

二、护理礼仪的基本概念

护理礼仪是职业礼仪，是护理工作者在进行医疗护理工作和健康服务过程中所遵循的行业标准，是护士素质、修养、行为、气质的综合反映。它既是护理工作者修养素质的外在表现，也是护理人员职业道德的具体表现。

（一）护理礼仪的含义

护理礼仪是护理工作者在进行医疗护理和健康服务过程中形成的被大家公认和自觉遵守的行为规范和准则。

（二）护理礼仪的特征

1. 规范性 护理礼仪是护士必须遵守的行为规范，是在相关法律、规章制度、守则的基础上，对护士待人接物，律己敬人，行为举止等方面规定的模式或标准。

2. 强制性 护理礼仪中的各项内容是基于法律、规章、守则和原则基础上的，对护士具有一定的约束力和强制性。

3. 综合性 护理礼仪作为一种专业文化，是护理服务科学性与艺术性的统一，是人文与科技的结合，是伦理学与美学的结合。

4. 适应性 护士对不同的服务对象或不同的文化礼仪具有适应能力。

5. 可行性 护理礼仪要运用于护理实践中，应注意礼仪的有效性和可行性，要得到护理对象的认可和接受。

三、护士的仪表礼仪要求

仪表是指人的衣着服饰、仪容和姿态。对于护士来讲，仪表虽然不能代替高尚的医德，娴熟准确的技术，但宜人的仪表在一定程度上又可以反映其内心世界和情趣，在护士工作、生活中是不可缺少的。

（一）护士仪容礼仪要求

1. 面部仪容礼仪 护士在工作期间应保持面部仪容自然、清新、高雅、和谐，在保持面部清洁的基础上，可以化淡妆。面部仪容有以下四个方面要求。

（1）注意卫生与修饰：卫生是护士仪容礼仪的要素之一。护士要讲究卫生，个人面容必须注意清洁，养成勤洗脸、刷牙、洗澡、洗发的卫生习惯。护士要适度地修饰打扮，面容化妆应自然得体，上班时，"淡扫蛾眉"即可掩饰某些缺陷，又可令人精神振奋，让人感到充满活力。

（2）注重整体效应：护士面部仪容要强调整体效果。护士洁净的皮肤、端正的五官、优美的线条、精美的饰物，都能增添几分秀色。然而面部仪容不仅仅局限于此，应该是多方面因素的和谐统一，避免过分突出某一部分，而破坏整体的和谐。

（3）注重营养与锻炼：食物营养是健康的基础，合理的营养有助于身体各器官的生长发育，是保持健康自然美的最基本条件。

（4）注重外在美和心灵美的统一：护士面部仪容不仅强调外在美，还强调内在美，护士应注重提高个人的内在素质。

2. 头饰礼仪　护士工作期间的发式要求是：头发前不过眉，侧不过耳，后不过领。对于女性护士，如果是长发，应盘起或带网罩；如果是短发，也不应超过耳下3cm，否则也应盘起或使用网罩。对于男性护士，不应留长发，一般情况下不应剃光头。

3. 面部表情　表情是人的思想感情和内在情绪的外露，也是护士与患者互相交流的重要形式之一。

图 7-1　微笑

（1）目光：眼睛是心灵的窗户，目光是面部表情的核心。在各种礼仪中，目光运用的适当与否，直接影响表情，一双眼睛能传达喜、怒、哀、乐等不同的情感，是其他举止无法比拟的。

（2）微笑：微笑是人类最美的表情。微笑是人际交往中的一种润滑剂，自然真诚的微笑具有多方面的魅力，它虽然无声，却可以表达出高兴、同意、赞许、同情等多信息。微笑时不牵动鼻子、不发出声音，面部肌肉放松，双眉稍稍上扬，自然舒展，嘴角微微抿起，嘴唇略呈弧形，使人如沐春风（图 7-1）。

（二）护士工作服饰要求

1. 护士服着装原则

（1）端庄大方：护士在着装上应做到端庄实用，简约朴素，线条流畅，呈现护士的青春活力。

（2）干净整齐：干净整齐是护士工作装的基本要求。

（3）搭配协调：穿着护士服时，要求大小、长短、型号适宜，腰带平整、松紧适度。

2. 护士服着装具体要求

（1）护士服：护士服是职业服装，要求式样简洁、美观、穿着合体、松紧适度、操作灵活；面料挺拔、透气、易清洗、消毒；颜色清淡素雅。护士应保持护士服清洁、平整，衣扣整齐，腰带调整适度。

（2）护士鞋：为了便于工作，护士鞋要求软底、坡跟、防滑；颜色以白色或奶白色为宜；护士应该注意保持鞋面清洁。

（3）袜子：袜子以肉色、白色等浅色、单色为宜。

（4）饰物：护士工作期间不宜佩戴过多饰物，如戒指、手链、手镯及各种耳饰（图 7-2）。

3. 护士基本行为礼仪

（1）站姿：又称立姿、站相。要求头正肩平，挺胸收腹，身正腿直。具体地说，要求身体与地面垂直，上身和头颈正直，双目平视，颌收肩平，双臂自然下垂，两腿并拢站直，肌肉略有收缩感，两膝和脚跟并拢，脚尖略分开（图7-3）。

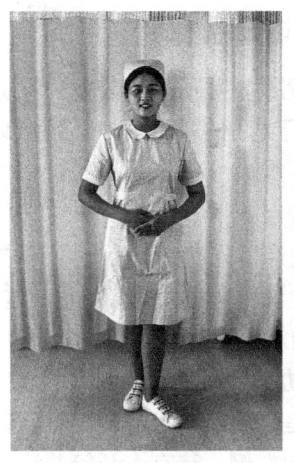 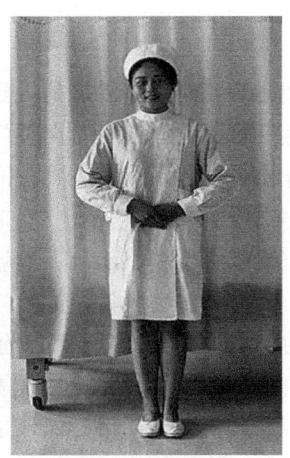

图7-2　饰物　　　　图7-3　站姿

（2）坐姿：抬头，上身挺直，下颌微收，目视前方；挺胸立腰，双肩平正放松；上身与大腿、大腿与小腿均呈90°；双膝自然并拢，双脚并拢，平落于地或一前一后；坐在椅子的前部1/2或1/3处即可；双手交叉相握于腹前（图7-4）。

（3）走姿：上身正直，抬头，下颌微收，双眼目视前方，面带微笑；挺胸收腹，立腰；足尖向前，双臂自然摆动；步态轻盈，稳健，步幅适中，匀速前进。

（4）蹲姿：下蹲时先整理衣服再缓慢屈膝蹲下，使头、胸、膝关节在一个角度上，臀部向下，两腿合力支撑身体，保持平衡，防止滑倒，不要弓背。女士双腿应尽量靠近，男士则可适度的将其分开（图7-5）。

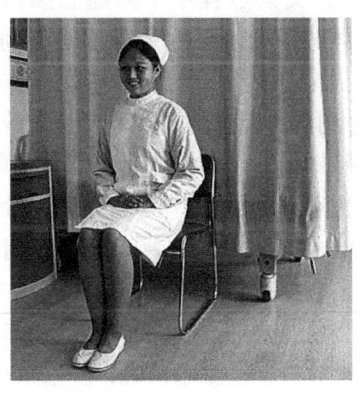 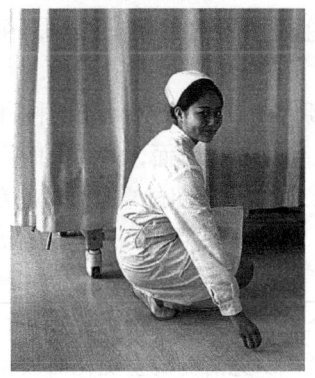

图7-4　坐姿　　　　图7-5　蹲姿

第2节　护理工作中的日常生活礼仪

日常生活礼仪是人们在生活、工作和交往中应遵循的行为规范。护士日常生活礼仪主要包括登门访晤礼仪、电话沟通礼仪、日常社交礼仪和沟通礼仪。这些礼仪在公共社交礼仪的基础上拓展和完善，同时又具有护士职业礼仪的特殊性。掌握和运用护士日常生活礼仪，能提高护理服务的质量，更加容易构建和谐的护患关系。

一、登门访晤礼仪

所谓登门访晤是指本人亲自或者委派他人到朋友住所、办公室去拜访某人的行为活动。一般包括事务性、礼节性和私人访问三种。在登门访晤的过程中为了达到交流信息和感情，增进友谊，都应遵循做客有礼的原则，因注意以下事项。

（一）基本礼仪原则

1. 有约在先，恪守约定　登门访晤时，应当事先有约，不做不速之客。因生活和工作需要到对方家中拜访时，要主动与对方取得联系，说明来意，征得同意，这样为自己赢得主动权，也避免对方心生厌烦的情绪。访问者应当遵守约定，如期而至。

2. 礼貌登门，举止文雅　无论去住所还是办公室拜访都要本着客随主便的原则。当到达住所敲门时，应用示指轻轻叩门或按门铃，如果是亲戚或熟人，可在敲门后立于门口；若是上下级领导关系或者初次拜访，应当侧身站在门口的左侧，待有人开门并让行后，方可进入。谈话时间宜短不宜长，尽量不要在深夜拜访对方，若不得已在休息时间段拜访时，则在面对主人后表示真诚的歉意，并说明原因。初次登门拜访做客，通常应备小礼物，礼物应根据主人家的情况而定。如果是常来往的人一般不需要带礼物，重要的节日或特殊日子的约会，可带些有意义的小礼物表示心意和祝贺。

3. 掌握时间，适时告辞　不做难辞之客，在恰当的时间告辞，通常最多不超过 1 小时，但初次登门拜访的时间应不超过 30 分钟。当访问目的实现后，见主人有些倦乏或还有其他客人在场，宜适时告辞。若主人留你吃饭，应酌情而定；若主人站起送行，不宜停步再交谈，果断辞行，并向其他的客人道别。

（二）不同场合访晤的注意事项

1. 去住所拜访　首先应先敲门或按门铃，交谈过程中不要随意插话或打断别人的讲话，可适当品尝主人呈上的果品、茶品，在拜访期间不要在屋里来回走动，不要乱动主人家的东西。

2. 去办公室拜访　拜访前要预约，并准时到访。无论门是开着还是关着，都应该先敲门，允许后方可进入。如果初次见面，必须先问候并做自我介绍，让对方明白来意。拜访时间应控制在 10 分钟左右，最多不要超过半个小时。在办公室会见，一般不宜携带礼物。

3. 来访接待　在日常生活和工作中，经常要接待许多来访者，应热情接待；根据来访者的心态、性格特点、来访意图，适当地给予解释、答复和处理。特别是在工作中接待带着问题和矛盾而来的特殊来访者，更要做到有礼有节。交谈时要准确用词，答复要求时要注意分寸，不可把话讲得太绝对，以免情况发生变化而被动；针对冲动型来访者，应以柔克刚，先让坐，倒杯水，让对方冷静下来，然后再进行交谈和答复问题。

二、电话沟通礼仪

电话作为现代通讯工具，具有传递迅速、使用方便和效率高的优点，已成为现代人际交往中的重要方式。虽然电话联系不是面对面的交流，但一个人的"电话形象"仍可通过电话中的声音、语气、语调、内容体现出来，因此，在通话中双方都应表现文明。

（一）打电话的礼仪

1. 通话时间的选择　公务电话尽量在工作时间内打，通话时间最好选择双方预约的时间或对方方便的时间。

2. 通话时间的长短　通话时长应尽量遵守"3分钟原则"。打电话时，发话人应当自觉、有意识地将每次通话的时间限定在3分钟内。

3. 注意对方的反应　在通话开始时，应先询问对方通话是否方便。如不方便，则另约时间；若估计通话时间较长，应先征求对方意见，并在通话结束时略表歉意。

4. 内容简练　作为发话人，应自觉控制通话长度，事先应做好充分准备，内容简明扼要，适可而止；接通电话后应先自报家门，作自我介绍。

（二）接电话的礼仪

1. 接听要及时　在电话礼仪中有一条"铃声不过三响"的原则，即接听电话以铃响三声之内拿起电话最为适宜。正常情况下，不应不接事先约定的电话。要尽可能亲自听电话，不要随便让别人代劳。

2. 自报家门　在工作场合，接听电话时，应先问候，然后自报家门。对外接待应报出单位名称，若接内线电话应报出部门名称。

3. 代接电话　应由对方决定下一步的处理方式，必要时可做记录；代接电话后要尽快设法转达电话内容，转达信息的时间、地点、人物、事件等应准确，严守代接电话内容的秘密，切勿随意扩散；若发话人要找的人就在附近，应告诉对方稍等，切不可大喊大叫。

4. 不便接听电话　应向对方说明原因，表示道歉，并另约时间，届时由自己主动打过去；在下次通话开始时，勿忘再次致歉。

（三）通话中表现文明

1. 语言文明　打电话时应使用文明用语。

2. 态度要文明　通话时不可厉声呵斥、粗暴无礼，也不要低三下四、阿谀奉承。若有另一个电话打进来，切忌置之不理，先向通话对象说明原因，嘱其勿挂断电话，稍等片刻，分清两个电话的轻重缓急，再妥善处理。

3. 举止要文明　在打电话的过程中，双方应全神贯注地听或说，不要三心二意，比如手里在不停地转笔发出啪啪声，或者是不停地和旁边的人说上几句闲话，以及看文件、看电视、听广播或吃东西等与此无关的事情。

4. 声音要文明　声音清晰、悦耳、吐字清晰，给对方留下好的印象，对方对其所在单位也会有好印象。

三、社 交 礼 仪

（一）社交礼仪的含义

社交礼仪是指人们在人际交往过程中所具备的基本素质、交际能力等。社交在当今社会人际交往中发挥的作用愈显重要。通过社交，人们可以沟通心灵，建立深厚友谊，取得支持与帮助；通过社交，人们可以互通信息，共享资源，对取得事业成功大有帮助。

（二）社交礼仪的作用

社交的重要性，也可以说是社交的功能与作用。综合来讲，人们从事社交活动主要作用有：增进感情、建立良好的人际关系和丰富自身的人生阅历和人性情感。

(三) 社交礼仪的内容

1. **言谈礼仪** 要想在交际中获得良好的效果，首先要掌握语言表达的艺术，懂得言谈礼仪，谈吐要风趣、高雅、富有感染力。

2. **举止礼仪** 优雅的举止，洒脱的风度，常常被人们羡慕和称赞，最能给人们留下深刻印象。一个人行为举止的综合，就是风度的具体表现，是社交中无声语言，是个人性格、品质、情趣、素养、精神世界和生活习惯的外在表现。包括规范的站姿、优雅的坐姿、正确的走姿、适度的手姿、合适的表情等。

3. **着装礼仪** 着装是一门艺术、一种文化、一种"语言"，是一个人给其他人"第一印象"的重要组成部分，是评价个人礼仪的重要因素。正确得体的着装，能体现个人较高的精神面貌和文化修养，给人留下良好印象。着装需要时间、地点、场合、身份和色彩的相互协调。

4. **仪容礼仪** 是个人礼仪之一。个人仪容由面部仪容、手部养护、手指甲护理、脚部保养、脚趾的修饰等。

5. **称呼礼仪** 包括礼貌原则、尊崇原则和适度原则，能体现出对别人的尊重。

6. **电话礼仪** 电话基本礼仪、正确传达电话内容、打电话的礼仪、听电话礼仪、使用手机礼仪等。

7. **信函礼仪** 是社交活动中必不可少的工具，又是办事的依据、考察的凭证。信函的开头称谓，结尾的敬语，中间的行文，都有特定的格式和礼仪规范。

8. **聚会礼仪** 聚会是出于传递信息、沟通思想、交流感情、处事交往而把相关人员集合到一起的人际交往方式。包括宴会礼仪和舞会礼仪等。

9. **求职礼仪** 求职前的准备、自我介绍的礼仪、面试的礼仪等。

四、沟通礼仪

(一) 致意礼仪

1. **握手** 在日常的人际交流中，握手是最常用的沟通方式，贯穿于人们交往、应酬的各个环节。

(1) 握手的顺序：根据礼仪规范，应遵循"尊者决定"这一原则：长辈与晚辈握手，应由长辈先伸手；男士与女士握手，应由女士先伸手；而朋友、平辈见面，先伸出手则表现出更有礼貌。在接待来访者时，则较为特殊：当客人抵达时，主人有义务首先伸出手来与客人相握，表示欢迎；而在客人告辞时，则应由客人首先伸出手来与主人相握，表示感谢和再见。

(2) 握手的方法：与他人行握手礼时，应起身站立，上身略向前倾。伸出右手与对方握手，握手的力度和时间要适中。握手时，年轻对年长者、资历低对资历高的、职务低对职务高者都应稍稍欠身相握；如果要表示特别尊敬，可用双手迎握。切忌戴手套握手，手上有水或不干净时，应谢绝握手，同时应当解释并致歉。

2. **点头示意** 点头示意适用于肃静的公共场所，如病房、图书馆、音乐厅、会场、剧院等特殊的环境。如在病区走廊上遇到相识的人或在同一场合已多次见面者，可点头为礼。此外，对仅有一面之交者在社交场合相遇，也可点头或微笑示意。

3. **挥手礼** 挥手礼的适用场合与行点头礼大致相似，它最适合向距离较远的熟人打招呼。行礼时右臂向前上方伸直，手掌心向着对方，其他四指并齐，拇指微张，轻轻向左右摆动一两下。不要将手上下摆动，也不要在手部摆动时用手背朝向对方。

4. 鼓掌　鼓掌在人际沟通中有着极其重要的作用，尤其是在公众场合中。正确的鼓掌姿势为：双臂置于胸前，用右手掌四指轻击左手掌中部，通常不少于10次，表示鼓励或欢迎，掌声的时间越长就表示越热情越欢迎。节奏要平稳，应跟随大众自然终止。

（二）介绍礼仪

介绍是人际交往中与他人进行沟通、增进了解、建立联系的一种最基本、最常规的方式。护士在工作中，应学会各种介绍方式，更好地为患者服务。在实际的社交场合中，最常用的两种介绍方式为自我介绍和介绍别人。

1. 自我介绍　进行自我介绍时应遵循自然大方、亲切随和、语音清晰的原则。介绍自己时，应直视对方，面带微笑，礼貌地打招呼。如可以先温和地看着对方说"您好"作为自我介绍的先导词，引起对方的关注，再及时准确地介绍自己的姓名和身份。自我介绍的内容力求简洁，总的介绍时间应在30秒为宜。如"您好，我叫王红，是市医院外科护士长，很高兴认识您。"

2. 介绍别人　介绍别人是经第三方为彼此不相识的双方引见、介绍的一种介绍方式。介绍别人应注意先后顺序，本着"受尊重的人应享有优先了解权"的原则。把男士介绍给女士，把年轻的介绍给年长的，把未婚女子介绍给已婚的女士，把家庭成员介绍给客人，先介绍职位低的再介绍职位高的。介绍时要注意语言规范、有礼貌，介绍的信息量要适中。

自测题

A_1/A_2 型题

1. 护理礼仪的特点为（　　）
   A. 强制性　　　B. 专业性
   C. 服从性　　　D. 灵活性
   E. 操作性

2. 下列关于护士坐姿规范的描述，错误的是（　　）
   A. 头正，颈直
   B. 轻稳的坐于椅面的前1/2～2/3
   C. 捋平护士服下端
   D. 双膝分开脚后收
   E. 两手自然置于两腿上

3. 值班护士在听到呼叫器来呼救："3床的患者突然昏迷了"。此时护士去病室的行姿应为（　　）
   A. 慢步走　　　B. 快步走
   C. 跑步　　　　D. 小跑步
   E. 快速跑步

4. 护士在工作时可以佩戴的饰物是（　　）
   A. 戒指　　　　B. 手链
   C. 手表　　　　D. 粗长的项链
   E. 长耳环

（范玲玲）

实训指导

实训一 护理人际关系的处理

一、护患沟通训练

通过训练，明确护士在工作中的职责和应该如何建立与患者的有效沟通。

案例设计　患者张大爷，72岁，小学一年级文化。因"尿频尿痛二周半加重1天"来某院就诊，门诊B超提示前列腺增生、前列腺炎、前列腺钙化，收治入院。护士王华作为责任护士，接待了张大爷。王护士安排好病房后，就来到了张大爷的床边，开始询问张大爷的病史。

王护士："李大爷，您好！我想了解一下您的患病情况。"
张大爷："你问吧。"
王护士："你每天小便有几次？"
张大爷（抬起头看陈护士）："啥是小便啊？"
王护士："你连小便都不知道吗？有没有尿痛？"
张大爷（厌烦）："不知道。"
王护士："你什么态度啊？你什么都不知道，怎么诊断、怎么治疗？"
张大爷："你说的那些我都不懂，这些事都是你们的，问我干啥？"
王护士："是在给你治病，不问你问谁啊？"
张大爷："我要是知道，要你们干啥？"
王护士："不和你说了，真气人。"
张大爷："这样的医院，我不住了，真是气死人，我要去和你们的领导说。"

讨论：1. 王护士这样跟王大爷沟通对吗？
　　　　2. 如果你是王护士，你会怎样跟王大爷沟通？

［实训目的］

1. 了解影响护士和患者关系的因素。
2. 熟悉护士与患者关系中护士所起的促进作用。
3. 掌握护士与患者沟通的技巧。

［实训准备］

1. 用物准备　模拟病房（床、被子）
2. 操作者准备　护士服、护士帽、护士鞋（着装整齐、戴口罩），熟悉本节课练习内容、要求和目的。
3. 患者准备　患者打扮，熟悉本节课练习内容、要求和目的。

[操作流程及护理配合]

1. 教师首先对案例内容进行分析讲解,然后将同学分成若干实践组和评议组,每组4～6人。

2. 实践组学生进行角色扮演,评议组学生进行评议。

3. 实践组和评议组互换角色,原评议组进行角色扮演,原实践组进行评议。

[实训评价]

教师对学生代表汇报的评议结果进行讲评并给出成绩(分为优、良、合格、不合格)。优(90分);良(80～89分);合格(60～79分);不合格(＜60分)。

[注意事项]

护士要熟悉向患者问病史的流程、所需问的问题的内容,注意交流过程中的语言和非语言沟通技巧的使用。

[实训作业]

患者老李因患膀胱癌住进泌尿科,病痛与陌生的环境使他焦虑不安。尤其是老李住院后,病情不见好转。他情绪变得更加低落了。整日卧床不起,也不愿进食。

请问:如果你是护士,你会怎么和老李沟通?

二、护士和患者家属沟通训练

通过训练,明确护士在工作中的职责和应该如何建立与患者家属的有效沟通。

案例设计　　患者小李,患恶性肿瘤住院,是一位未婚女性。其男友特地从家乡赶来探望,并希望在病床旁陪伴一个晚上。值班护士按照医院陪护管理要求,认为没有留陪护的医嘱故未同意,并执意地要患者小李的男友晚上离开病房。为此,患者小李及其男友很不理解,并投诉到了医院办公室,对陪护管理制度提出了质疑,认为已患恶性肿瘤的女友希望自己陪在身边陪伴一晚,给患者精神和心理上的安慰,是天经地义的事,不会对病房造成大的影响,站在患者的角度,这点要求不算过分。

讨论:1. 患者的要求正确吗?

2. 应如何处理与患者家属的关系?

[实训目的]

1. 了解影响护士和患者家属关系的因素。

2. 熟悉护士与患者家属关系中护士所起的促进作用。

3. 掌握护士与患者家属沟通的技巧。

[实训准备]

1. 用物准备　模拟病房(床、被子)

2. 操作者准备　护士服、护士帽、护士鞋(着装整齐、戴口罩),熟悉本节课练习内容、要求和目的。

3. 患者准备　患者打扮、家属打扮,熟悉本节课练习内容、要求和目的。

[操作流程及护理配合]

1. 教师首先对案例内容进行分析讲解,然后将同学分成若干实践组和评议组,每组4～6人。

2. 实践组学生进行角色扮演，评议组学生进行评议。

3. 实践组和评议组互换角色，原评议组进行角色扮演，原实践组进行评议。

［实训评价］

教师对学生代表汇报的评议结果进行讲评并给出成绩（分为优、良、合格、不合格）。优（90分）；良（80~89分）；合格（60~79分）；不合格（＜60分）。

［注意事项］

护士在与患者沟通的过程中，要注意即要遵守医院相关的规章制度，同时也必须换位思考，从移情的角度替患者及家属考虑，要注意使用语言和非语言的沟通方法。

［实训作业］

1. 上网寻找有关护士与患者家属因沟通问题引起冲突的案例，并考虑如果是你，你会如何处理，你该如何和患者家属沟通？

三、医护沟通训练

通过训练，增进医生对护理工作的了解，使医生与护士之间能够相互尊重，相互理解。

案例设计　护理人员小张是普外科的责任护士，工作十分繁忙。这天上午她正准备处理医嘱，发现重患者3床的病历不见了。她知道，如不及时处理医嘱，会延误患者的治疗，只好焦急地到处找。来到医生值班室，她看见年轻的李医生正在一本病历上写着什么。小张说："李医生，这是3床的病历吗？我得用一下。""噢，不，患者情况有变化，我得记录。"李医生说着，头也不抬地继续写。

讨论：1. 许医生和护士小李发生冲突的原因是什么？

2. 遇到这种情况，你应怎样处理与许医生的关系？

［实训目的］

1. 了解影响医护关系的因素。

2. 熟悉护士在医护关系中所起的促进作用

3. 掌握医护患沟通技巧。

［实训准备］

1. 用物准备

场地：模拟医生值班室（桌子、椅子）

道具：医嘱、病历、笔

2. 操作者准备　学生各穿着护士工作服、医生工作服，衣帽整洁，熟悉本节课练习内容、要求和目的。

［操作流程及护理配合］

1. 教师首先对案例内容进行分析讲解，按4~6人将学生分成若干组。

2. 以小组为单位，分角色进行扮演，注意医护双方语言沟通和非语言沟通。

3. 在小组内谈一谈扮演某一角色的体会，每一小组派一名同学代表对本组的表现进行总结，对表现好的同学提出表扬，给出成绩（分为优、良、合格、不合格）。最后开展组际交流。

［实训评价］

教师对学生代表汇报的讨论结果进行讲评并给出成绩（分为优、良、合格、不合格）。说明：优（90分）；良（80～89分）；合格（60～79分）；不合格（<60分）。

［注意事项］

护士在与医生沟通的时候，首先必须明确：在对患者救治的过程中，医护双方的工作都非常重要。其次护士必须注意态度平和，用语言和非语言的沟通技巧向医生介绍护士的工作、现代护理理念及护理学科的发展情况，说明自己工作的特性，只有双方相互理解才能更好地为患者提供优质服务，双方也不会发生冲突了。

［实训作业］

护士小王正在护士办公室看一本药理书，张医生有事找她。

张医生："王护士，你在干什么？"

王护士："我在看书，查查心血管药的药理作用和用药注意事项。"

张医生："别浪费时间了，用药是大夫的事，你们护士知道那么多干什么？打好针、发好药、伺候好患者就行了。"

请思考：作为一名护士，面对医生的这种态度，你该如何应对？

实训二 交谈能力训练

一、护患交谈训练

通过角色扮演，体会护士与患者的交谈过程，恰当运用交谈技巧，并在小组内交流感受。

案例设计　谢某，男性，22岁。是一位速滑运动员，成绩很好，在一次比赛中突然摔倒，导致小腿胫骨骨折。今天医生给他的腿进行了小夹板固定，因为骨折可能会导致他的冰上梦想破灭，所以他的情绪一直很低落，表现得十分烦躁，对医生百般挑剔，在医生操作过程中谢某总是挑医生的毛病，不是说这儿弄疼了，就是说那儿弄疼了。"看你，怎么搞的，弄得我这么疼……"小夹板固定后，张护士走进病房与这位患者开始了交谈……

讨论：张护士应如何与谢先生沟通交流呢？

［实训目的］

1. 了解交谈的基本类型。
2. 熟悉护理专业性交谈的过程及常见的护理人员交谈失误与对策。
3. 掌握护士沟通交谈的技巧。

［实训准备］

1. 用物准备　模拟病房、护理病案。
2. 操作者准备　护士服、护士帽、护士鞋（衣帽整洁，举止得体）；熟悉本节课的目的和要求。
3. 环境准备　整洁、安静，室内气温适宜。

［操作流程及护理配合］

1. 教师首先对案例内容进行分析讲解，然后将同学们分成若干实践组和评议组，每组4～5人。
2. 实践组学生进行角色扮演，评议组学生进行评议。
3. 实践组和评议组互换角色，原评议组进行角色扮演，原实践组进行评议。
4. 角色分配　护士、患者

[实训评价]

刚开始谢先生由于担心运动生涯终止，心情极为不好，所以表现得很不理智，挑毛病，大声发火。在这种情况下，护士在刚开始交谈时有礼貌地称呼对方，交谈中针对患者提出的问题按照事先准备的谈话内容帮助患者分析骨折的情况。在展开交谈主题时，灵活运用阐释交谈技巧，将骨折的一些知识介绍给患者。交谈过程中，护士要注意自己的态度，既温和又自然，而且始终做到有礼貌，所以赢得患者的信任。通过交谈，让护士和患者都感到心情愉快，才是成功交谈的最佳结果。

[注意事项]

1. 护士在沟通交流过程中应遵循语言沟通的原则。
2. 护士在与患者进行交谈时要灵活应变，不要拘泥于护理专业性交谈过程的四段划分。
3. 护士能灵活运用交谈技巧并避免出现出语不慎、表达缺失、主观臆断、单向思维等失误。
4. 在交谈过程中出现交谈失误后，护士要灵活运用对策进行补救。

[实训作业]

请同学们以小组为单位，编排临床不同科室护患沟通情景剧，按小组进行展示。

实训三　非语言沟通的技巧训练

一、护士非语言沟通训练

通过角色模拟表演，学生能熟悉护士非语言沟通的要求、作用，熟练掌握非语言沟通的主要形式。

　一阑尾炎女性患者被亲属搀扶走进普外科病房，面容痛苦。在此之前，科室已接到电话通知，知道患者马上就到科室，安排了护士小冼接待患者。

讨论：小冼可以运用哪些非语言沟通的形式来接待患者？

[实训目的]

1. 了解非语言沟通的意义。
2. 熟悉非语言沟通的作用。
3. 掌握非语言沟通的目光、微笑、触摸、距离等主要形式。

[实训准备]

1. 用物准备　模拟病房（病床、床头柜、椅子）、病人服、温度计、听诊器、水杯、护理病案等。
2. 操作者准备　着护士工作服，衣帽整洁，举止得体；熟悉本节课练习的内容、要求和目的。
3. 患者准备　表情痛苦，手按右下腹部。

[操作流程及护理配合]

1. 教师先对案例内容进行分析讲解，然后将学生分为4～6人一组。
2. 学生依序表演，表演结束后教师和观看学生对各角色进行评议。
3. 角色分配　医生、护士、患者、家属。

[实训评价]

1. 学习态度　是否积极认真地参与并较好地完成训练任务。

2. 技能发展　是否能在教师的指导下顺利完成各种非语言沟通技巧的训练。

3. 团队协作　是否积极参与团队活动；团队成员之间是否相互协作、相互指导、配合默契；角色模拟是否真实合理。

4. 创新精神　展示及节目组织是否新颖、有创意；是否能在具体的情景中灵活恰当的应用非语言沟通技巧。

5. 职业情感　训练过程中是否严谨、认真；能否得体体现自己的举止，体现护士的职业风范。

［注意事项］

1. 尊重患者　护士尊重患者的人格，就是尊重患者的个性心理，尊重患者作为社会成员所应有的尊严。

2. 适度得体　护士的举止、表情、外表等常常直接影响到患者对护士的信任程度，在护患沟通过程中，护士的姿态要落落大方，笑容要适度自然，举止要礼貌热情。

3. 因人而异　在与患者的交往中，护士应根据患者的特点，采用不同的非语言沟通方式，以保证沟通的有效性。

［实训作业］

1. 与儿童患者非语言沟通练习。

2. 与输液患者非语言沟通练习。

实训四　临床实践中的护患沟通

一、临床实践中的护患沟通

通过角色扮演，学生与患者进行沟通交流。

　　张先生，65岁，发热、头痛、咳嗽，因"高热待查"住进医院。经主管医生查房后，需要护士进行护理评估。实习护士小红进入病房对患者进行评估。

讨论：1. 小红如何与张先生进行沟通？

2. 小红如何顺利完成张先生的入院评估？

［实训目的］

1. 了解影响护患关系的因素。

2. 熟悉护理评估要点。

3. 掌握护患沟通技巧。

［实训准备］

1. 用物准备

场地　模拟病房（病床、床头桌、床旁椅）

道具　护理评估单、笔

2. 操作者准备：学生着护士工作服，衣帽整洁，熟悉本节课练习内容、要求和目的。

3. 患者准备：着患者服，熟悉本节课练习内容、要求和目的，配合回答提问。

［操作流程及护理配合］

1. 教师首先对案例内容进行分析讲解，按4～6人将学生分成若干组。

2. 以小组为单位，分角色进行扮演，注意护患双方语言沟通和非语言沟通。

3. 角色分配：护士小红，患者张先生，带教李老师。

4. 实践场景一 实习护士小红对张先生进行入院评估

小红："张先生，您好！我是实习护士小红，我想进一步了解一下您的情况，您现在哪里不舒服？"

张先生："我发烧、咳嗽，哪都不舒服。"

小红："您最近吃得怎样？"

张先生："每天昏昏沉沉不想吃。"

小红："您睡得怎样？"

张先生："睡得不好。"

小红："大小便正常吗？"

张先生："我现在难受死了，我想休息。"（显示张先生烦躁，不想沟通）。

小红："您好好休息吧！"

实践场景二 带教李老师带小红对张先生再次进行入院评估

李老师："张先生您好！我是您的责任护士小李，在您住院期间由我为您进行护理，您现在感觉好点吗？"

张先生："休息了一会儿，感觉好点了。"

李老师："那我就问您几个问题，方便我们日后为您护理"

张先生："好的。"

李老师："您觉得哪些症状影响您的睡眠和饮食呢？"

张先生："我晚上咳嗽、痰多，睡不好觉，嗓子疼，吃不下饭，只能喝些粥。"

李老师："您输液后，这些症状有没有好一点？现在快中午了，您的陪护给您送饭吗？需要我们帮您买份饭吗？"

张先生："谢谢你，不需要了，我现在感觉好一点，就是还有一些痰，躺着时间长一点，感觉腰背有点疼。"

李老师："让我看看您的皮肤情况，长时间躺着，容易得压疮的。"

张先生转过身让小李看了一下骶尾部及腰背部。

李老师："还可以，您至少要一小时一翻身，活动活动，咳嗽痰多的问题，我会告诉您的主治医生及时给您处理，还有什么需要，您可以随时找我，谢谢您的配合，好好休息吧，一会儿我会再来看您。"

［实训评价］（实训表4-1）

实训表4-1 实训评分标准

项目	分值	考核要点	得分
素质要求	5	衣帽整洁，仪表端庄，穿戴符合规范要求	
	10	表情自然，态度和蔼，	
	5	动作轻盈，手势语、体态语恰当	
语言沟通	10	思路清晰，简洁明了	
	10	语言准确，生动形象	
	10	语音语调语速适宜	

续表

项目	分值	考核要点	得分
病情评估	10	对患者病情掌握全面	
	10	病情评估客观全面	
健康宣教	10	紧密结合病情,给予相应指导	
	10	专业知识全面,宣教内容通俗易懂	
效果评价	10	患者对健康宣教满意,患者掌握宣教内容,执行宣教做法,达到预期目标	
合计	100		

[注意事项]

1. 在角色扮演中,小红、李老师要掌握沟通时机,抓住询问要点,列出首优评估问题。
2. 实训开始后,每组同学都要注意体会所扮角色,根据患者病情,选择恰当有效的沟通方法。

[实训作业]

1. 同学们课后以小组为单位,结合病历,模拟护患沟通。
2. 结合病历,练习填写护理评估单、练习宣教知识。

二、模 拟 面 试

通过模拟面试,掌握面试中的沟通技巧。

护生小王在毕业前,通过网络招聘,想到某市三甲医院就职,并投放了自己的求职信及简历,接到医院面试通知,小王精心准备后,欣然前往。

讨论:1. 护生小王面试前应做哪些准备?
　　　2. 小王在面试中应注意哪些事项?

[实训目的]

1. 了解面试基本流程。
2. 熟悉面试基本要素。
3. 掌握面试沟通技巧。

[实训准备]

1. 用物准备

场地:模拟考场(桌、椅)

道具:计时表、打分表、笔、计算器

2. 操作者准备　面试学生身着正装,衣冠整洁,积极备考。
3. 模拟考官准备　模拟考官身着正装,负责组织提问和打分。

[操作流程及面试配合]

1. 面试前准备　以小组为单位,将学生按6~8人随机分成4~5组,抽签决定参加模拟面试的顺序。面试时以组为单位,第一组同学在模拟考场外等候,其他各组同学在模拟教室观看面试过程,然后循环至下一组至面试结束。

2. 面试开始　考核相互问候（语言问候、微笑、握手等）。
3. 3分钟自我介绍　考核学生语言表达能力、逻辑思维能力和综合素质。
4. 互动提问　考核学生使用语言和非语言沟通技巧的能力，面试官可选择2—3个问题。
5. 面试结束后道别　考核学生面试结束后离开的沟通技巧和礼仪。

［实训评价］（实训表4-2）

实训表4-2　模拟面试考核测评标准

项目	分值	考核要点	得分
仪容仪表	10	精神饱满、面容自然、化淡妆	
	10	着装大方得体，符合职业身份	
姿态	10	站姿坐姿行姿得体	
	10	问候恰当、道别礼貌	
语言表达技巧	5	语言流畅、语音语调恰当	
	5	用词准确	
自我介绍	10	主题突出	
	10	条理清楚	
应答技巧	10	内容恰当	
	10	应变能力强	
综合评价	10	面试者仪表端庄，举止优雅，回答问题流畅，表现出良好的沟通技巧	
合计	100		

［注意事项］
1. 学生应在课前完成自我介绍的准备工作。
2. 严格按照仿真环境，通过随机抽签的方式进行考核。
3. 实训开始后，室外等候面试的同学和室内观摩的同学保持安静。

［实训作业］
1. 总结模拟面试现场同学优秀表现及不足。
2. 课后以小组为单位，反复模拟练习面试技巧。

实训五　工作服饰及基本行为礼仪训练

一、工作服饰及礼仪训练

通过实践演练，学生能熟练掌握护士仪表的要求，熟悉四种姿态的要领和训练方法。

案例设计　成为一名白衣天使是晓雪从小的心愿，今天，她离这个目标更近了一步——她已经是护理专业的一名学生了。当白衣天使的标志——护士工作服发下来的时候，晓雪迫不及待地想要穿上，可是晓雪并不了解护士服的要求和正确的护士仪表要求有哪些？如果穿错了，可要闹出个大笑话，这可把晓雪愁坏了！

讨论：1. 护士仪表礼仪包括哪些内容，具体的要求是什么？
　　　2. 你能告诉晓雪如何正确的穿戴护士服方法吗？

［实训目的］

1. 了解护士工作服的穿着方法和规范。
2. 熟悉基本的站姿、坐姿、行姿和蹲姿。
3. 掌握基本站姿、坐姿、行姿和蹲姿的要领和训练方法。

［实训准备］

1. 用物准备　能播放音乐的设备以及舒缓的音乐、椅子、录像或照相器材。
2. 操作者准备　护士服、护士帽、护士鞋、口罩、胸牌等
3. 环境准备　在形体房或较为宽敞的室内训练,备有能照全身的落地镜子。

［操作流程及护理配合］

活动一　工作服饰规范训练

1. 教师示范或播放录像,逐步讲解护士不同类型的工作服、工作帽、口罩和胸牌的穿着佩戴方法。
2. 学生2～5人一组,练习穿工作服,戴护士帽,口罩和胸牌的规范。
3. 练习完毕后进行分组展示,教师及学生对每组的展示结果进行评价,并指出改进方法。
4. 按照教师和同学们的建议进行调整和完善。

活动二　站姿训练

1. 教师示范或播放录像,讲解基本站姿、不同站姿的礼仪规范及站姿的训练方法。
2. 学生5～6人一组,练习各种规范站姿。
3. 练习完毕后进行分组展示,教师及学生对每组同学的站姿进行评价,并指出优缺点。
4. 按照教师和同学们的建议进行调整和完善。

活动三　坐姿训练

1. 教师示范或播放录像,讲解基本坐姿、不同坐姿的礼仪规范及坐姿的训练方法。
2. 学生5～6人一组,练习各种规范坐姿。
3. 练习完毕后进行分组展示,教师及学生对每组同学的坐姿进行评价,并指出优缺点。
4. 按照教师和同学们的建议进行调整和完善。

活动四　行姿训练

1. 教师示范或播放录像,讲解行姿的礼仪规范及行姿的训练方法。
2. 学生5～6人一组,练习正确的行姿。
3. 练习完毕后进行分组展示,教师及学生对每组同学的行姿进行评价,并指出优缺点。
4. 按照教师和同学们的建议进行调整和完善。

活动五　蹲姿训练

1. 教师示范或播放录像,讲解蹲姿的礼仪规范及蹲姿的训练方法。
2. 学生5～6人一组,练习正确的蹲姿。
3. 练习完毕后进行分组展示,教师及学生对每组同学的蹲姿进行评价,并指出优缺点。
4. 按照教师和同学们的建议进行调整和完善。

［实训评价］

1. 学习态度　是否积极认真地参与并较好地完成训练任务。
2. 技能发展　是否能在教师的指导下顺利完成各种姿态的训练;姿态是否标准规范。
3. 团队协作　是否积极参与团队活动;团队成员之间是否相互协作、相互指导、配合默

契；情景模拟是否真实合理。

4. **创新精神** 展示及节目组织是否新颖、有创意；是否能在具体的情景中灵活恰当的应用礼仪规范。

5. **职业情感** 训练过程中是否严谨、认真；能否得体控制自己的举止，保持优雅的仪态，体现护士的职业风范。

［注意事项］

1. 护士服着装切忌过透、过紧，长短适宜，肉色筒袜口不外漏。
2. 站姿避免身体不正，双腿分开过大，身体随意活动，自由散漫，无精打采。
3. 坐姿避免头部不正，上身不直，手部错位，双腿分开过大，两脚尖朝天，晃动不止等。
4. 行姿避免行走时瞻前顾后，声响过大，"八"字步态，突腹含胸，身体乱晃等。
5. 蹲姿避免双腿平行叉开，这种蹲姿极不文雅；下蹲时避免正面或背面对着他人，都会给自己和他人带来不便。

［实训作业］

请同学们以小组为单位，根据本次实践训练地内容自行编排成一个小节目，配上音乐，按小组进行展示。

参 考 文 献

陈文. 2011. 护理礼仪与人际沟通. 南京：东南大学出版社
耿洁. 2015. 护理礼仪. 北京：人民卫生出版社
李小寒. 2010. 护理中的人际沟通学. 上海：上海科学技术出版社
李蕾. 2013. 人际沟通. 南昌：江西科学技术出版社
刘国珍. 2010. 人际沟通. 南昌：江西科学技术出版社
刘勇. 2012. 人际沟通. 北京：第四军医大学出版社
冷小红. 2006. 人际沟通. 北京：人民卫生出版社
王臣平. 2011. 护理人际沟通. 长沙：中南大学出版社
王斌. 2011. 人际沟通. 北京：人民卫生出版社
王静. 2012. 人际沟通与交往. 北京：高等教育出版社
王艳华. 2014. 护理人际沟通. 南昌：江西科学技术出版社
汪龙光. 2009. 人际沟通心理学. 北京：中国致公出版社
吴玲. 2011. 人际沟通. 南京：江苏科学技术出版社
杨丹. 2010. 人际关系学. 武汉：武汉大学出版社
余方. 2007. 医用人际关系与沟通. 南宁：广西科学技术出版社
张艳红. 2010. 护理人际沟通. 太原：三晋出版社
张书全. 2010. 人际沟通. 北京：人民卫生出版社
钟海. 2012. 人际沟通. 北京：科学出版社
张志钢. 2015. 人际沟通. 北京：人民卫生出版社

教学基本要求

一、课程性质和课程任务

《人际沟通》是中等卫生职业教育护理、助产等专业的一门专业课程。本课程重点以"护考"为中心，注重阐述护理工作中的人际沟通理论知识和应用策略，同时进行相应的沟通能力的训练。通过《人际沟通》教学，使学生有效运用沟通理论和技巧，分析解决工作中存在的各种纷繁复杂的沟通问题，帮助学生适度把握并有效应对各种人际关系，提高学生在护理实践中的人际沟通能力，培养学生健全的人格、良好的沟通态度和人际沟通能力，建立良好的工作氛围，提高学生的社会适应能力。

二、课程教学目标

（一）职业素养目标

1. 具有良好的职业道德和伦理观念，自觉尊重服务对象的人格，保护其隐私。
2. 具有良好的医疗安全与法律意识，自觉遵守医疗卫生相关法律法规。
3. 具有健康的心理和认真负责的职业态度，能给予服务对象以人文关怀。
4. 具有勤学善思的学习习惯、细心严谨的工作作风、较强的适应能力，团队合作的职业意识及较好的沟通能力，关心尊重爱护患者。
5. 具有终身学习的理念，在学习和实践中不断地思考问题、研究问题、解决问题。

（二）专业知识和技能

1. 了解沟通、人际沟通、人际关系的相关理论。
2. 掌握护理实践工作中的各种沟通方法和技巧，具有正确运用语言和非语言沟通技巧进行有效沟通的能力。
3. 能通过沟通帮助患者进行身心调适，为患者提供健康服务，满足患者需要。

三、教学内容和要求

教学内容	教学要求			教学活动参考	教学内容	教学要求			教学活动参考
	了解	理解	掌握			了解	理解	掌握	
第1章 绪论				理论讲授多媒体演示	第2节 沟通的类型与要素				
第1节 沟通的概述和意义					一、沟通的类型		√		
一、沟通的概念	√				二、沟通的要素			√	
二、沟通的意义	√				第3节 人际沟通概述				

续表

教学内容	了解	理解	掌握	教学活动参考
一、人际沟通的概念与过程			√	
二、人际沟通的模式		√		
三、人际沟通的层次		√		
四、人际沟通的特征		√		
五、人际沟通对护理工作的意义	√			
第4节 人际沟通的影响因素				
一、环境因素		√		
二、个人因素		√		
第2章 人际关系				理论讲授多媒体演示
第1节 人际关系概述				
一、人际关系的概念			√	
二、人际关系的特征		√		
三、建立良好护理人际关系的意义	√			
四、人际吸引的基本规律		√		
五、人际关系与人际沟通的辩证关系				
第2节 人际关系理论				
一、人际认知理论		√		
二、人际冲突理论		√		
三、人际关系的行为模式		√		
第3节 构建和谐的人际关系				
一、人际关系的建立和发展	√			
二、人际交往原则		√		
三、人际关系的心理障碍及排除		√		
四、建立良好人际关系的策略		√		

教学内容	了解	理解	掌握	教学活动参考
第3章 护理工作中的人际关系				理论讲授多媒体演示
第1节 护患关系				
一、护患关系的性质与特点	√			
二、护患关系的基本模式		√		
三、护患关系的发展过程		√		
四、影响护患关系的主要因素		√		
五、护士在促进护患关系中的作用		√		
第2节 护士与患者家属的关系				
一、影响护士与患者家属关系的主要因素		√		
二、护士在促进与患者家属关系中的作用		√		
第3节 护士与医生的关系				
一、影响医护关系的主要因素			√	
二、护士在促进医护关系中的作用		√		
第4节 护际关系				
一、常见的护际矛盾		√		
二、建立良好护际关系的策略		√		
三、特定情况下的护际沟通		√		
实训一		√		
第4章 护理工作中的语言沟通				理论讲授多媒体演示
第1节 语言沟通概述				
一、语言沟通的概念			√	

续表

教学内容	教学要求			教学活动参考	教学内容	教学要求			教学活动参考
	了解	理解	掌握			了解	理解	掌握	
二、护理工作中语言沟通原则			√		第6章 人际沟通在临床实习及应聘求职过程中的运用				理论讲授多媒体演示
第2节 交谈					第1节 临床实习过程中的人际沟通				
一、交谈的含义	√				一、护生在临床实习过程中存在的人际沟通问题	√			
二、交谈的基本类型	√								
三、护理专业性交谈的过程		√			二、实习前做好相应准备		√		
四、护士沟通交谈的技巧		√			三、护生加强沟通能力的方法			√	
五、常见的护理人员交谈失误及对策		√			四、护生与带教老师的沟通		√		
第3节 护理书面语言沟通的技巧					第2节 应聘求职的人际沟通				
一、护理书面语言沟通的作用及原则	√				一、应聘求职前的准备		√		
二、书面语言沟通在护理工作中的运用	√				二、常见的求职方式及求职技巧		√		
实训二			√		三、面试的沟通技巧		√		
第5章 护理工作中的非语言沟通				理论讲授多媒体演示	实训四			√	
第1节 非语言沟通的性质					第7章 护理工作中人际沟通的礼仪				理论讲授多媒体演示
一、非语言沟通的含义及特点	√				第1节 护理工作中的礼仪要求				
二、非语言沟通的作用	√				一、礼仪的概念与原则		√		
三、非语言沟通对护理工作的意义	√				二、护理礼仪的基本概念		√		
四、非语言沟通的基本要求			√		三、护士的仪表礼仪要求		√		
第2节 护士非语言沟通的主要形式					第2节 护理工作中的日常生活礼仪				
一、外观形态			√		一、登门访晤礼仪		√		
二、行为举止			√		二、电话沟通礼仪		√		
三、表情			√		三、社交性礼仪		√		
四、距离			√		四、沟通礼仪		√		
实训三			√		实训五			√	

四、学时分配建议（36 学时）

序号	教学内容	学时数		
		理论	实践	合计
1	绪论	3		3
2	人际关系	6		6
3	护理工作中的人际关系	6	2	8
4	护理工作中的语言沟通	5	2	7
5	护理工作中的非语言沟通	2	2	4
6	人际沟通在临床实习及应聘求职过程中的运用	2	2	4
7	护理工作中人际沟通的礼仪	2	2	4
合计		26	10	36

五、教学基本要求说明

（一）适用对象与参考学时

本教学大纲可供护理、助产等医学相关专业使用，总学时为 36 个，其中理论教学 26 学时，实践教学 10 学时。

（二）教学要求

1. 本课程对理论部分的教学要求分为掌握、熟悉、了解三个层次。掌握：指学生对所学的人际沟通知识和技能能够熟练应用，并能综合分析和解决临床护理工作中的实际问题。熟悉：指学生对所学的知识基本掌握并能应用所学的技能。了解：指学生对学过的知识点能记忆和理解。

2. 本课程在实践教学部分的要求分为熟练掌握、学会两个层次。熟练掌握：指学生能独立、正确和熟练地完成人际沟通的方法和技能。学会：指学生能基本掌握和会用人际沟通的方法和技能。

（三）教学建议

1. 在教学过程中要积极采用现代化教学手段，加强直观教学，充分发挥教师的主导作用和学生的主体作用。注重理论联系实际，并组织学生开展必要的临床案例分析讨论，以培养学生的分析问题和解决问题的能力，使学生加深对教学内容的理解和掌握。

2. 实践教学要充分利用教学资源，案例分析讨论等教学形式，充分调动学生学习的积极性和主观能动性，强化学生的动手能力和专业实践技能操作。

3. 教学评价应通过课堂提问、布置作业、单元目标测试、案例分析讨论、期末考试等多种形式，对学生进行学习能力、实践能力和应用新知识能力的综合考核，以期达到教学目标提出的各项任务。

自测题参考答案

第 1 章
1. C 2. A 3. C 4. E 5. B
6. B 7. B 8. D 9. B 10. A

第 2 章
1. C 2. A 3. D 4. D 5. C
6. B

第 3 章
1. B 2. D 3. B 4. B 5. C
6. B 7. C 8. C 9. C 10. D

第 4 章
1. B 2. A 3. D 4. C 5. E
6. C 7. B 8. D

第 5 章
1. C 2. B 3. E 4. D 5. B
6. B 7. D 8. D

第 6 章
1. C 2. D 3. E 4. A 5. A
6. D 7. E 8. E 9. D 10. C

第 7 章
1. A 2. D 3. D 4. C